COMO SE PREPARAR PARA O CONCURSO DE TÉCNICO DO INSS

Frederico Amado

COMO SE PREPARAR PARA O CONCURSO DE TÉCNICO DO INSS

Kit em 5 volumes

- Teoria Resumida
- Caderno de Questões
- **CRONOGRAMA E GABARITO**
- Aulas
- Áudios

2022

EDITORA JusPODIVM

www.editorajuspodivm.com.br

EDITORA
*Jus*PODIVM
www.editorajuspodivm.com.br

Rua Canuto Saraiva, 131 – Mooca – CEP: 03113-010 – São Paulo – São Paulo
Tel: (11) 3582.5757
• Contato: https://www.editorajuspodivm.com.br/sac

Diagramação: Luiz Fernando Romeu *(lfnando_38@hotmail.com)*

Capa: Ana Caquetti

A481c Amado, Frederico.
Como se Preparar para o Concurso de Técnico do INSS / Frederico Amado – São Paulo: Editora JusPodivm, 2022.
64 p.

ISBN 978-85-442-3599-7.

1. Previdência Social. 2. Direito Previdenciário 3. Concurso I. Amado, Frederico. II. Título.

CDD 341.62352

APRESENTAÇÃO

Olá, futuro Técnico do Seguro Social (INSS)!

Você acabou de adquirir um método diferenciado de estudo: a obra Como se preparar para o concurso de Técnico do INSS objetiva trazer planejamento, ferramentas e conteúdo para sua preparação. O kit completo é composto de questões com o gabarito em livreto a parte, resumos doutrinários, curso e áudios das principais normas abordadas.

Apesar de muitos candidatos não se preocuparem com a resolução de questões, este é um método de estudo extraordinário e **extremamente eficaz**. À medida que você realiza várias questões sobre determinado tema, é possível observar como o assunto está sendo abordado pelas bancas examinadoras (ex: lei seca, doutrina ou resolução de casos) e quais pontos dentro de cada disciplina são mais recorrentes (ex: benefícios previdenciários, tema historicamente mais cobrado nos certames para servidor do INSS). Dessa forma, será possível mensurar o quanto você conhece da temática e, ao mesmo tempo, notar uma evolução do seu estudo, pois muitas questões acabam se repetindo. Essa é a base do nosso método.

Com essa obra em mãos, você tem à sua disposição 623 questões comentadas por especialistas de cada área, resumos doutrinários com toda parte teórica cobrada no edital, curso com professores com larga experiência na preparação de concursos públicos e áudios das principais normas abordadas, para que você possa escutar a legislação aplicável. Ao final, estimamos que você terá uma excelente preparação para o concurso público dos seus sonhos. Pode ter certeza. Seguindo nossa metodologia à risca, você chegará na prova com chances reais de ser aprovado dentro do número de vagas ofertadas.

Quanto mais você treina, melhor você se sairá no jogo. Portanto, pegue a sua caneta, municie-se com muita disposição e vamos treinar, até passar!

Frederico Amado

CRONOGRAMA ABERTO

Disciplina	Tema	Dispositivos legais	Leitura	Escuta	Aula	Teoria	Questões
ÉTICA NO SERVIÇO PÚBLICO	Código de Ética Profissional do Servidor Público Civil do Poder Executivo Federal	Decreto nº 1.171/1994 e Decreto nº 6.029/2007					
REGIME JURÍDICO ÚNICO	1 Regime Jurídico dos Servidores Públicos Civis da União.	Lei 8.112/1990					
	2 O servidor público como agente de desenvolvimento social.						
	3 Saúde e qualidade de vida no serviço público.						
NOÇÕES DE DIREITO CONSTITUCIONAL	1. Direitos e deveres fundamentais: 1.1. direitos e deveres individuais e coletivos;						
	1. Direitos e deveres fundamentais: 1.2. direito à vida, à liberdade, à igualdade, à segurança e à propriedade;						
	1. Direitos e deveres fundamentais: 1.3. direitos sociais;						
	1. Direitos e deveres fundamentais: 1.4. nacionalidade;						
	1. Direitos e deveres fundamentais: 1.5. cidadania;						
	1. Direitos e deveres fundamentais: 1.6. garantias constitucionais individuais;						
	1. Direitos e deveres fundamentais: 1.7. garantias dos direitos coletivos, sociais e políticos.						
	2 Administração Pública	CF, artigos de 37 a 41, capítulo VII					
NOÇÕES DE DIREITO ADMINISTRATIVO	1 Estado, governo e Administração Pública: conceitos, elementos, poderes e organização; natureza, fins e princípios.						
	2 Direito Administrativo: conceito, fontes e princípios.						
	3 Organização administrativa da União; administração direta e indireta.						
	4 Agentes públicos: espécies e classificação; poderes, deveres e prerrogativas; cargo, emprego e função públicos; regime jurídico único: provimento, vacância, remoção, redistribuição e substituição; direitos e vantagens; regime disciplinar; responsabilidade civil, criminal e administrativa.						
	5 Poderes administrativos: poder hierárquico; poder disciplinar; poder regulamentar; poder de polícia; uso e abuso do poder.						
	6 Ato administrativo: validade, eficácia; atributos; extinção, desfazimento e sanatória; classificação, espécies e exteriorização; vinculação e discricionariedade.						

CRONOGRAMA ABERTO

Disciplina	Tema	Dispositivos legais	Leitura	Escuta	Aula	Teoria	Questões
NOÇÕES DE DIREITO ADMINISTRATIVO	7 Serviços Públicos: conceito, classificação, regulamentação e controle; forma, meios e requisitos; delegação: concessão, permissão, autorização.						
	8 Controle e responsabilização da administração: controle administrativo; controle judicial; controle legislativo; responsabilidade civil do Estado.	Lei nº 8.429/1992					
	9 Processo Administrativo	Lei n° 9.784/1999					
LÍNGUA PORTUGUESA	1 Compreensão e interpretação de textos.						
	2 Tipologia textual.						
	3 Ortografia oficial.						
	4 Acentuação gráfica.						
	5 Emprego das classes de palavras.						
	6 Emprego do sinal indicativo de crase.						
	7 Sintaxe da oração e do período.						
	8 Pontuação.						
	9 Concordância nominal e verbal.						
	10 Regências nominal e verbal.						
	11 Significação das palavras.						
	12 Redação de correspondências oficiais	Manual de Redação da Presidência da República					
RACIOCÍNIO LÓGICO	1.1. Conceitos básicos de raciocínio lógico: proposições;						
	1.2. Conceitos básicos de raciocínio lógico: valores lógicos das proposições;						
	1.3. Conceitos básicos de raciocínio lógico: sentenças abertas;						
	1.4. Conceitos básicos de raciocínio lógico: número de linhas da tabela verdade;						
	1.5. Conceitos básicos de raciocínio lógico: conectivos;						
	1.6. Conceitos básicos de raciocínio lógico: proposições simples;						
	1.7. Conceitos básicos de raciocínio lógico: proposições compostas.						
	2 Tautologia.						
	3 Operação com conjuntos.						

CRONOGRAMA ABERTO

Disciplina	Tema	Dispositivos legais	Leitura	Escuta	Aula	Teoria	Questões
RACIOCÍNIO LÓGICO	4 Cálculos com porcentagens.						
NOÇÕES DE INFORMÁTICA	1 Conceitos de Internet e intranet.						
	2 Conceitos básicos e modos de utilização de tecnologias, ferramentas, aplicativos e procedimentos de informática.						
	3 Conceitos e modos de utilização de aplicativos para edição de textos, planilhas e apresentações utilizando-se a suíte de escritório LibreOffice.						
	4 Conceitos e modos de utilização de sistemas operacionais Windows 7 e 10.						
	5 Noções básicas de ferramentas e aplicativos de navegação e correio eletrônico.						
	6 Noções básicas de segurança e proteção: vírus, worms e derivados.						
SEGURIDADE SOCIAL	1 Seguridade Social. 1.1 Origem e evolução legislativa no Brasil. 1.2 Conceituação. 1.3 Organização e princípios constitucionais.						
	Legislação Previdenciária. 2.1 Conteúdo, fontes, autonomia. 2.2 Aplicaçao das normas previdenciárias. Vigência, hierarquia, interpretação e integração.						
	3 Regime Geral de Previdência Social. 3.3 Conceito, características e abrangência.3.1 Segurados obrigatórios. contribuinte individual, trabalhador avulso e segurado especial						
	3 Regime Geral de Previdência Social. 3.2 Filiação e inscrição. 3.4 Segurado facultativo: conceito, características, filiação e inscrição.						
	3 Regime Geral de Previdência Social. 3.5 Trabalhadores excluídos do Regime Geral. 4 Empresa e empregador doméstico: conceito previdenciário. 5 Financiamento da Seguridade Social. 5.1 Receitas da União.						
	5 Financiamento da Seguridade Social. 5.2 Receitas das contribuições sociais: dos segurados, das empresas, do empregador doméstico, do produtor rural, do clube de futebol profissional, sobre a receita de concursos de prognósticos, receitas de outras fontes.						
	5 Financiamento da Seguridade Social. 5.3 Salário-de-contribuição. 5.3.1 Conceito. 5.3.2 Parcelas integrantes e parcelas não-integrantes.						
	5 Financiamento da Seguridade Social. 5.3 Salário-de-contribuição. 5.3.3 Limites mínimo e máximo. 5.3.4 Proporcionalidade. 5.3.5 Reajustamento.						

CRONOGRAMA ABERTO

Disciplina	Tema	Dispositivos legais	Leitura	Escuta	Aula	Teoria	Questões
SEGURIDADE SOCIAL	5 Financiamento da Seguridade Social. 5.4 Arrecadação e recolhimento das contribuições destinadas à seguridade social. 5.4.1 Competência do INSS e da Secretaria da Receita Federal do Brasil. 5.4.2 Obrigações da empresa e demais contribuintes.						
	9.1 Plano de Benefícios da Previdência Social: períodos de carência, períodos de graça (equivale ao item 10): Manutenção, perda e restabelecimento da qualidade de segurado.						
	9.2 Plano de Benefícios da Previdência Social: dependentes dos segurados, salário-de-benefício, renda mensal do benefício, reajustamento do valor dos benefícios.						
	9.3 Plano de Benefícios da Previdência Social: benefícios (aposentadoria por incapacidade permanente e auxílio por incapacidade temporária)						
	9.4 Plano de Benefícios da Previdência Social: benefícios (aposentadoria programada e aposentadoria por idade rural)						
	9.5 Plano de Benefícios da Previdência Social: benefícios (aposentadoria especial por agentes nocivos e aposentadoria das pessoas com deficiência)						
	9.6 Plano de Benefícios da Previdência Social: benefícios (salário-família, salário-maternidade e auxílio-acidente)						
	9.7 Plano de Benefícios da Previdência Social: benefícios (pensão por morte e auxílio--reclusão)						
	9.8 Plano de Benefícios da Previdência Social: benefícios (acumulação de benefícios, serviço social e reabilitação profissional)						
	9.9 Plano de Benefícios da Previdência Social: benefícios (temas finais da Lei 8.213/91: decadência e prescrição; ação regressiva e artigos da parte final)						
	8 Recurso das decisões administrativas. 7 Crimes contra a Seguridade Social.						
	14 Lei de Assistência Social (LOAS): parte geral	Lei nº 8.742/1993 e Decreto nº 6.214/2007					
	14 Lei de Assistência Social (LOAS): parte específica – BPC/LOAS	Lei nº 8.742/1993 e Decreto nº 6.214/2007					
	14 Lei de Assistência Social (LOAS): parte específica – auxílio-inclusão	Lei nº 8.742/1993 e Decreto nº 6.214/2007					

CRONOGRAMA DE 4 MESES

Semana	Dia	Disciplina	Tema	Dispositivos legais	Leitura	Escuta	Aula	Teoria	Questões
Semana 1	Segunda	SEGURIDADE SOCIAL	1 Seguridade Social. 1.1 Origem e evolução legislativa no Brasil. 1.2 Conceituação. 1.3 Organização e princípios constitucionais.						
	Terça	NOÇÕES DE DIREITO CONSTITUCIONAL	1. Direitos e deveres fundamentais: 1.1. direitos e deveres individuais e coletivos;						
	Quarta	NOÇÕES DE DIREITO ADMINISTRATIVO	1 Estado, governo e Administração Pública: conceitos, elementos, poderes e organização; natureza, fins e princípios.						
	Quinta	LÍNGUA PORTUGUESA	2 Tipologia textual.						
	Sexta	RACIOCÍNIO LÓGICO	1.1. Conceitos básicos de raciocínio lógico: proposições;						
	Sábado	NOÇÕES DE INFORMÁTICA	1 Conceitos de Internet e intranet.						
	Domingo	ÉTICA NO SERVIÇO PÚBLICO	Código de Ética Profissional do Servidor Público Civil do Poder Executivo Federal	Decreto nº 1.171/1994 e Decreto nº 6.029/2007					
Semana 2	Segunda	SEGURIDADE SOCIAL	2 Legislação Previdenciária. 2.1 Conteúdo, fontes, autonomia. 2.2 Aplicação das normas previdenciárias. Vigência, hierarquia, interpretação e integração.						
	Terça	NOÇÕES DE DIREITO CONSTITUCIONAL	1. Direitos e deveres fundamentais: 1.2. direito à vida, à liberdade, à igualdade, à segurança e à propriedade;						
	Quarta	NOÇÕES DE DIREITO ADMINISTRATIVO	2 Direito Administrativo: conceito, fontes e princípios.						
	Quinta	LÍNGUA PORTUGUESA	3 Ortografia oficial.						
	Sexta	RACIOCÍNIO LÓGICO	1.2. Conceitos básicos de raciocínio lógico: valores lógicos das proposições;						
	Sábado	NOÇÕES DE INFORMÁTICA	2 Conceitos básicos e modos de utilização de tecnologias, ferramentas, aplicativos e procedimentos de informática.						
	Domingo	DIA DE REVISÃO DA MATÉRIA VISTA NA QUINZENA (REVEJA SEUS ERROS) OU PARA COLOCAR MATÉRIA EM DIA.							

CRONOGRAMA DE 4 MESES

Semana	Dia	Disciplina	Tema	Dispositivos legais	Leitura	Escuta	Aula	Teoria	Questões
Semana 3	Segunda	SEGURIDADE SOCIAL	3 Regime Geral de Previdência Social. 3.3 Conceito, características e abrangência.3.1 Segurados obrigatórios. contribuinte individual, trabalhador avulso e segurado especial						
	Terça	NOÇÕES DE DIREITO CONSTITUCIONAL	1. Direitos e deveres fundamentais: 1.3. direitos sociais;						
	Quarta	NOÇÕES DE DIREITO ADMINISTRATIVO	3 Organização administrativa da União; administração direta e indireta.						
	Quinta	LÍNGUA PORTUGUESA	4 Acentuação gráfica.						
	Sexta	RACIOCÍNIO LÓGICO	1.3. Conceitos básicos de raciocínio lógico: sentenças abertas;						
	Sábado	NOÇÕES DE INFORMÁTICA	3 Conceitos e modos de utilização de aplicativos para edição de textos, planilhas e apresentações utilizando-se a suíte de escritório LibreOffice.						
	Domingo	REGIME JURÍDICO ÚNICO	1 Regime Jurídico dos Servidores Públicos Civis da União.						
Semana 4	Segunda	SEGURIDADE SOCIAL	3 Regime Geral de Previdência Social. 3.2 Filiação e inscrição. 3.4 Segurado facultativo: conceito, características, filiação e inscrição.						
	Terça	NOÇÕES DE DIREITO CONSTITUCIONAL	1. Direitos e deveres fundamentais: 1.4. nacionalidade;						
	Quarta	NOÇÕES DE DIREITO ADMINISTRATIVO	4 Agentes públicos: espécies e classificação; poderes, deveres e prerrogativas; cargo, emprego e função públicos; regime jurídico único: provimento, vacância, remoção, redistribuição e substituição; direitos e vantagens; regime disciplinar; responsabilidade civil, criminal e administrativa.						
	Quinta	LÍNGUA PORTUGUESA	5 Emprego das classes de palavras.						
	Sexta	RACIOCÍNIO LÓGICO	1.4. Conceitos básicos de raciocínio lógico: número de linhas da tabela verdade;						
	Sábado	NOÇÕES DE INFORMÁTICA	4 Conceitos e modos de utilização de sistemas operacionais Windows 7 e 10.						

CRONOGRAMA DE 4 MESES

Semana	Dia	Disciplina	Tema	Dispositivos legais	Leitura	Escuta	Aula	Teoria	Questões
	Domingo	DIA DE REVISÃO DA MATÉRIA VISTA NA QUINZENA (REVEJA SEUS ERROS) OU PARA COLOCAR MATÉRIA EM DIA.							
Semana 5	Segunda	SEGURIDADE SOCIAL	3 Regime Geral de Previdência Social. 3.5 Trabalhadores excluídos do Regime Geral. 4 Empresa e empregador doméstico: conceito previdenciário. 5 Financiamento da Seguridade Social. 5.1 Receitas da União.						
	Terça	NOÇÕES DE DIREITO CONSTITUCIONAL	1. Direitos e deveres fundamentais: 1.5. cidadania;						
	Quarta	NOÇÕES DE DIREITO ADMINISTRATIVO	5 Poderes administrativos: poder hierárquico; poder disciplinar; poder regulamentar; poder de polícia; uso e abuso do poder.						
	Quinta	LÍNGUA PORTUGUESA	6 Emprego do sinal indicativo de crase.						
	Sexta	RACIOCÍNIO LÓGICO	1.5. Conceitos básicos de raciocínio lógico: conectivos;						
	Sábado	NOÇÕES DE INFORMÁTICA	5 Noções básicas de ferramentas e aplicativos de navegação e correio eletrônico.						
	Domingo	LÍNGUA PORTUGUESA	1 Compreensão e interpretação de textos.						
Semana 6	Segunda	SEGURIDADE SOCIAL	5 Financiamento da Seguridade Social. 5.2 Receitas das contribuições sociais: dos segurados, das empresas, do empregador doméstico, do produtor rural, do clube de futebol profissional, sobre a receita de concursos de prognósticos, receitas de outras fontes.						
	Terça	NOÇÕES DE DIREITO CONSTITUCIONAL	1. Direitos e deveres fundamentais: 1.6. garantias constitucionais individuais;						
	Quarta	NOÇÕES DE DIREITO ADMINISTRATIVO	6 Ato administrativo: validade, eficácia; atributos; extinção, desfazimento e sanatória; classificação, espécies e exteriorização; vinculação e discricionariedade.						

CRONOGRAMA DE 4 MESES

Semana	Dia	Disciplina	Tema	Dispositivos legais	Leitura	Escuta	Aula	Teoria	Questões
	Quinta	LÍNGUA PORTUGUESA	7 Sintaxe da oração e do período.						
	Sexta	RACIOCÍNIO LÓGICO	1.6. Conceitos básicos de raciocínio lógico: proposições simples;						
	Sábado	NOÇÕES DE INFORMÁTICA	6 Noções básicas de segurança e proteção: vírus, worms e derivados.						
	Domingo	DIA DE REVISÃO DA MATÉRIA VISTA NA QUINZENA (REVEJA SEUS ERROS) OU PARA COLOCAR MATÉRIA EM DIA.							
Semana 7	Segunda	SEGURIDADE SOCIAL	5 Financiamento da Seguridade Social. 5.3 Salário-de-contribuição. 5.3.1 Conceito. 5.3.2 Parcelas integrantes e parcelas não-integrantes.						
	Terça	NOÇÕES DE DIREITO CONSTITUCIONAL	1. Direitos e deveres fundamentais: 1.7. garantias dos direitos coletivos, sociais e políticos.						
	Quarta	NOÇÕES DE DIREITO ADMINISTRATIVO	7 Serviços Públicos: conceito, classificação, regulamentação e controle; forma, meios e requisitos; delegação: concessão, permissão, autorização.						
	Quinta	LÍNGUA PORTUGUESA	8 Pontuação.						
	Sexta	RACIOCÍNIO LÓGICO	1.7. Conceitos básicos de raciocínio lógico: proposições compostas.						
	Sábado	NOÇÕES DE INFORMÁTICA	1 Conceitos de Internet e intranet.						
	Domingo	LÍNGUA PORTUGUESA	12 Redação de correspondências oficiais						
Semana 8	Segunda	SEGURIDADE SOCIAL	5 Financiamento da Seguridade Social. 5.3 Salário-de-contribuição. 5.3.3 Limites mínimo e máximo. 5.3.4 Proporcionalidade. 5.3.5 Reajustamento.						
	Terça	NOÇÕES DE DIREITO CONSTITUCIONAL	2 Administração Pública						

CRONOGRAMA DE 4 MESES

Semana	Dia	Disciplina	Tema	Dispositivos legais	Leitura	Escuta	Aula	Teoria	Questões
	Quarta	NOÇÕES DE DIREITO ADMINISTRATIVO	8 Controle e responsabilização da administração: controle administrativo; controle judicial; controle legislativo; responsabilidade civil do Estado.						
	Quinta	LÍNGUA PORTUGUESA	9 Concordância nominal e verbal.						
	Sexta	RACIOCÍNIO LÓGICO	2 Tautologia.						
	Sábado	NOÇÕES DE INFORMÁTICA	2 Conceitos básicos e modos de utilização de tecnologias, ferramentas, aplicativos e procedimentos de informática.						
	Domingo	DIA DE REVISÃO DA MATÉRIA VISTA NA QUINZENA (REVEJA SEUS ERROS) OU PARA COLOCAR MATÉRIA EM DIA.							
Semana 9	Segunda	SEGURIDADE SOCIAL	5 Financiamento da Seguridade Social. 5.4 Arrecadação e recolhimento das contribuições destinadas à seguridade social. 5.4.1 Competência do INSS e da Secretaria da Receita Federal do Brasil. 5.4.2 Obrigações da empresa e demais contribuintes.						
	Terça	NOÇÕES DE DIREITO CONSTITUCIONAL	1. Direitos e deveres fundamentais: 1.1. direitos e deveres individuais e coletivos;						
	Quarta	NOÇÕES DE DIREITO ADMINISTRATIVO	9 Processo Administrativo						
	Quinta	LÍNGUA PORTUGUESA	10 Regências nominal e verbal.						
	Sexta	RACIOCÍNIO LÓGICO	3 Operação com conjuntos.						
	Sábado	NOÇÕES DE INFORMÁTICA	3 Conceitos e modos de utilização de aplicativos para edição de textos, planilhas e apresentações utilizando-se a suíte de escritório LibreOffice.						
	Domingo	REGIME JURÍDICO ÚNICO	2 O servidor público como agente de desenvolvimento social.						

CRONOGRAMA DE 4 MESES

Semana	Dia	Disciplina	Tema	Dispositivos legais	Leitura	Escuta	Aula	Teoria	Questões
Semana 10	Segunda	SEGURIDADE SOCIAL	9.1 Plano de Benefícios da Previdência Social: períodos de carência, períodos de graça (equivale ao item 10): Manutenção, perda e restabelecimento da qualidade de segurado.						
	Terça	NOÇÕES DE DIREITO CONSTITUCIONAL	1. Direitos e deveres fundamentais: 1.2. direito à vida, à liberdade, à igualdade, à segurança e à propriedade;						
	Quarta	NOÇÕES DE DIREITO ADMINISTRATIVO	1 Estado, governo e Administração Pública: conceitos, elementos, poderes e organização; natureza, fins e princípios.						
	Quinta	LÍNGUA PORTUGUESA	11 Significação das palavras.						
	Sexta	RACIOCÍNIO LÓGICO	4 Cálculos com porcentagens.						
	Sábado	NOÇÕES DE INFORMÁTICA	4 Conceitos e modos de utilização de sistemas operacionais Windows 7 e 10.						
	Domingo	DIA DE REVISÃO DA MATÉRIA VISTA NA QUINZENA (REVEJA SEUS ERROS) OU PARA COLOCAR MATÉRIA EM DIA.							
Semana 11	Segunda	SEGURIDADE SOCIAL	9.2 Plano de Benefícios da Previdência Social: dependentes dos segurados, salário-de-benefício, renda mensal do benefício, reajustamento do valor dos benefícios.						
	Terça	NOÇÕES DE DIREITO CONSTITUCIONAL	1. Direitos e deveres fundamentais: 1.3. direitos sociais;						
	Quarta	NOÇÕES DE DIREITO ADMINISTRATIVO	2 Direito Administrativo: conceito, fontes e princípios.						
	Quinta	LÍNGUA PORTUGUESA	2 Tipologia textual.						
	Sexta	RACIOCÍNIO LÓGICO	1.1. Conceitos básicos de raciocínio lógico: proposições;						
	Sábado	NOÇÕES DE INFORMÁTICA	5 Noções básicas de ferramentas e aplicativos de navegação e correio eletrônico.						

CRONOGRAMA DE 4 MESES

Semana	Dia	Disciplina	Tema	Dispositivos legais	Leitura	Escuta	Aula	Teoria	Questões
	Domingo	ÉTICA NO SERVIÇO PÚBLICO	Código de Ética Profissional do Servidor Público Civil do Poder Executivo Federal						
Semana 12	Segunda	SEGURIDADE SOCIAL	9.3 Plano de Benefícios da Previdência Social: benefícios (aposentadoria por incapacidade permanente e auxílio por incapacidade temporária)						
	Terça	NOÇÕES DE DIREITO CONSTITUCIONAL	1. Direitos e deveres fundamentais: 1.4. nacionalidade;						
	Quarta	NOÇÕES DE DIREITO ADMINISTRATIVO	3 Organização administrativa da União; administração direta e indireta.						
	Quinta	LÍNGUA PORTUGUESA	3 Ortografia oficial.						
	Sexta	RACIOCÍNIO LÓGICO	1.2. Conceitos básicos de raciocínio lógico: valores lógicos das proposições;						
	Sábado	NOÇÕES DE INFORMÁTICA	6 Noções básicas de segurança e proteção: vírus, worms e derivados.						
	Domingo	DIA DE REVISÃO DA MATÉRIA VISTA NA QUINZENA (REVEJA SEUS ERROS) OU PARA COLOCAR MATÉRIA EM DIA.							
Semana 13	Segunda	SEGURIDADE SOCIAL	9.4 Plano de Benefícios da Previdência Social: benefícios (aposentadoria programada e aposentadoria por idade rural)						
	Terça	NOÇÕES DE DIREITO CONSTITUCIONAL	1. Direitos e deveres fundamentais: 1.5. cidadania;						
	Quarta	NOÇÕES DE DIREITO ADMINISTRATIVO	4 Agentes públicos: espécies e classificação; poderes, deveres e prerrogativas; cargo, emprego e função públicos; regime jurídico único: provimento, vacância, remoção, redistribuição e substituição; direitos e vantagens; regime disciplinar; responsabilidade civil, criminal e administrativa.						

CRONOGRAMA DE 4 MESES

Semana	Dia	Disciplina	Tema	Dispositivos legais	Leitura	Escuta	Aula	Teoria	Questões
	Quinta	LÍNGUA PORTUGUESA	4 Acentuação gráfica.						
	Sexta	RACIOCÍNIO LÓGICO	1.3. Conceitos básicos de raciocínio lógico: sentenças abertas;						
	Sábado	NOÇÕES DE INFORMÁTICA	1 Conceitos de Internet e intranet.						
	Domingo	LÍNGUA PORTUGUESA	1 Compreensão e interpretação de textos.						
Semana 14	Segunda	SEGURIDADE SOCIAL	9.5 Plano de Benefícios da Previdência Social: benefícios (aposentadoria especial por agentes nocivos e aposentadoria das pessoas com deficiência)						
	Terça	NOÇÕES DE DIREITO CONSTITUCIONAL	1. Direitos e deveres fundamentais: 1.6. garantias constitucionais individuais;						
	Quarta	NOÇÕES DE DIREITO ADMINISTRATIVO	5 Poderes administrativos: poder hierárquico; poder disciplinar; poder regulamentar; poder de polícia; uso e abuso do poder.						
	Quinta	LÍNGUA PORTUGUESA	5 Emprego das classes de palavras.						
	Sexta	RACIOCÍNIO LÓGICO	1.4. Conceitos básicos de raciocínio lógico: número de linhas da tabela verdade;						
	Sábado	NOÇÕES DE INFORMÁTICA	2 Conceitos básicos e modos de utilização de tecnologias, ferramentas, aplicativos e procedimentos de informática.						
	Domingo	DIA DE REVISÃO DA MATÉRIA VISTA NA QUINZENA (REVEJA SEUS ERROS) OU PARA COLOCAR MATÉRIA EM DIA.							
Semana 15	Segunda	SEGURIDADE SOCIAL	9.6 Plano de Benefícios da Previdência Social: benefícios (salário-família, salário-maternidade e auxílio-acidente)						
	Terça	NOÇÕES DE DIREITO CONSTITUCIONAL	1. Direitos e deveres fundamentais: 1.7. garantias dos direitos coletivos, sociais e políticos.						

CRONOGRAMA DE 4 MESES

Semana	Dia	Disciplina	Tema	Dispositivos legais	Leitura	Escuta	Aula	Teoria	Questões
	Quarta	NOÇÕES DE DIREITO ADMINISTRATIVO	6 Ato administrativo: validade, eficácia; atributos; extinção, desfazimento e sanatória; classificação, espécies e exteriorização; vinculação e discricionariedade.						
	Quinta	LÍNGUA PORTUGUESA	6 Emprego do sinal indicativo de crase.						
	Sexta	RACIOCÍNIO LÓGICO	1.5. Conceitos básicos de raciocínio lógico: conectivos;						
	Sábado	NOÇÕES DE INFORMÁTICA	3 Conceitos e modos de utilização de aplicativos para edição de textos, planilhas e apresentações utilizando-se a suíte de escritório LibreOffice.						
	Domingo	LÍNGUA PORTUGUESA	12 Redação de correspondências oficiais						
Semana 16	Segunda	SEGURIDADE SOCIAL	9.7 Plano de Benefícios da Previdência Social: benefícios (pensão por morte e auxílio-reclusão)						
	Terça	NOÇÕES DE DIREITO CONSTITUCIONAL	7 Administração Pública						
	Quarta	NOÇÕES DE DIREITO ADMINISTRATIVO	7 Serviços Públicos: conceito, classificação, regulamentação e controle; forma, meios e requisitos; delegação: concessão, permissão, autorização.						
	Quinta	LÍNGUA PORTUGUESA	7 Sintaxe da oração e do período.						
	Sexta	RACIOCÍNIO LÓGICO	1.6. Conceitos básicos de raciocínio lógico: proposições simples;						
	Sábado	NOÇÕES DE INFORMÁTICA	4 Conceitos e modos de utilização de sistemas operacionais Windows 7 e 10.						
	Domingo	DIA DE REVISÃO DA MATÉRIA VISTA NA QUINZENA (REVEJA SEUS ERROS) OU PARA COLOCAR MATÉRIA EM DIA.							
Semana 17	Segunda	SEGURIDADE SOCIAL	9.8 Plano de Benefícios da Previdência Social: benefícios (acumulação de benefícios, serviço social e reabilitação profissional)						

CRONOGRAMA DE 4 MESES

Semana	Dia	Disciplina	Tema	Dispositivos legais	Leitura	Escuta	Aula	Teoria	Questões
	Terça	NOÇÕES DE DIREITO CONSTITUCIONAL	1. Direitos e deveres fundamentais: 1.1. direitos e deveres individuais e coletivos;						
	Quarta	NOÇÕES DE DIREITO ADMINISTRATIVO	8 Controle e responsabilização da administração: controle administrativo; controle judicial; controle legislativo; responsabilidade civil do Estado.						
	Quinta	LÍNGUA PORTUGUESA	8 Pontuação.						
	Sexta	RACIOCÍNIO LÓGICO	1.7. Conceitos básicos de raciocínio lógico: proposições compostas.						
	Sábado	NOÇÕES DE INFORMÁTICA	5 Noções básicas de ferramentas e aplicativos de navegação e correio eletrônico.						
	Domingo	REGIME JURÍDICO ÚNICO	3 Saúde e qualidade de vida no serviço público.						
Semana 18	Segunda	SEGURIDADE SOCIAL	9.9 Plano de Benefícios da Previdência Social: benefícios (temas finais da Lei 8.213/91: decadência e prescrição; ação regressiva e artigos da parte final)						
	Terça	NOÇÕES DE DIREITO CONSTITUCIONAL	1. Direitos e deveres fundamentais: 1.2. direito à vida, à liberdade, à igualdade, à segurança e à propriedade;						
	Quarta	NOÇÕES DE DIREITO ADMINISTRATIVO	9 Processo Administrativo						
	Quinta	LÍNGUA PORTUGUESA	9 Concordância nominal e verbal.						
	Sexta	RACIOCÍNIO LÓGICO	2 Tautologia.						
	Sábado	NOÇÕES DE INFORMÁTICA	6 Noções básicas de segurança e proteção: vírus, worms e derivados.						
	Domingo	DIA DE REVISÃO DA MATÉRIA VISTA NA QUINZENA (REVEJA SEUS ERROS) OU PARA COLOCAR MATÉRIA EM DIA.							
Semana 19	Segunda	SEGURIDADE SOCIAL	8 Recurso das decisões administrativas. 7 Crimes contra a Seguridade Social.						

CRONOGRAMA DE 4 MESES

Semana	Dia	Disciplina	Tema	Dispositivos legais	Leitura	Escuta	Aula	Teoria	Questões
	Terça	NOÇÕES DE DIREITO CONSTITUCIONAL	1. Direitos e deveres fundamentais: 1.3. direitos sociais;						
	Quarta	NOÇÕES DE DIREITO ADMINISTRATIVO	4 Agentes públicos: espécies e classificação; poderes, deveres e prerrogativas; cargo, emprego e função públicos; regime jurídico único: provimento, vacância, remoção, redistribuição e substituição; direitos e vantagens; regime disciplinar; responsabilidade civil, criminal e administrativa.						
	Quinta	LÍNGUA PORTUGUESA	10 Regências nominal e verbal.						
	Sexta	RACIOCÍNIO LÓGICO	3 Operação com conjuntos.						
	Sábado	NOÇÕES DE INFORMÁTICA	4 Conceitos e modos de utilização de sistemas operacionais Windows 7 e 10.						
	Domingo	LÍNGUA PORTUGUESA	1 Compreensão e interpretação de textos.						
Semana 20	Segunda	SEGURIDADE SOCIAL	14 Lei de Assistência Social (LOAS): parte geral						
	Terça	NOÇÕES DE DIREITO CONSTITUCIONAL	1. Direitos e deveres fundamentais: 1.6. garantias constitucionais individuais;						
	Quarta	NOÇÕES DE DIREITO ADMINISTRATIVO	5 Poderes administrativos: poder hierárquico; poder disciplinar; poder regulamentar; poder de polícia; uso e abuso do poder.						
	Quinta	LÍNGUA PORTUGUESA	11 Significação das palavras.						
	Sexta	RACIOCÍNIO LÓGICO	4 Cálculos com porcentagens.						
	Sábado	NOÇÕES DE INFORMÁTICA	2 Conceitos básicos e modos de utilização de tecnologias, ferramentas, aplicativos e procedimentos de informática.						
	Domingo	DIA DE REVISÃO DA MATÉRIA VISTA NA QUINZENA (REVEJA SEUS ERROS) OU PARA COLOCAR MATÉRIA EM DIA.							

CRONOGRAMA DE 4 MESES

Semana	Dia	Disciplina	Tema	Dispositivos legais	Leitura	Escuta	Aula	Teoria	Questões
Semana 21	Segunda	SEGURIDADE SOCIAL	14 Lei de Assistência Social (LOAS): parte específica – BPC/LOAS						
	Terça	NOÇÕES DE DIREITO CONSTITUCIONAL	1. Direitos e deveres fundamentais: 1.7. garantias dos direitos coletivos, sociais e políticos.						
	Quarta	NOÇÕES DE DIREITO ADMINISTRATIVO	6 Ato administrativo: validade, eficácia; atributos; extinção, desfazimento e sanatória; classificação, espécies e exteriorização; vinculação e discricionariedade.						
	Quinta	LÍNGUA PORTUGUESA	1 Compreensão e interpretação de textos.						
	Sexta	RACIOCÍNIO LÓGICO	1.1. Conceitos básicos de raciocínio lógico: proposições;						
	Sábado	NOÇÕES DE INFORMÁTICA	3 Conceitos e modos de utilização de aplicativos para edição de textos, planilhas e apresentações utilizando-se a suíte de escritório LibreOffice.						
	Domingo	LÍNGUA PORTUGUESA	12 Redação de correspondências oficiais						
Semana 22	Segunda	SEGURIDADE SOCIAL	14 Lei de Assistência Social (LOAS): parte específica – auxílio-inclusão						
	Terça	NOÇÕES DE DIREITO CONSTITUCIONAL	2 Administração Pública						
	Quarta	NOÇÕES DE DIREITO ADMINISTRATIVO	7 Serviços Públicos: conceito, classificação, regulamentação e controle; forma, meios e requisitos; delegação: concessão, permissão, autorização.						
	Quinta	LÍNGUA PORTUGUESA	1 Compreensão e interpretação de textos.						
	Sexta	RACIOCÍNIO LÓGICO	4 Cálculos com porcentagens.						
	Sábado	NOÇÕES DE INFORMÁTICA	6 Noções básicas de segurança e proteção: vírus, worms e derivados.						
	Domingo	DIA DE REVISÃO DA MATÉRIA VISTA NA QUINZENA (REVEJA SEUS ERROS) OU PARA COLOCAR MATÉRIA EM DIA.							

CRONOGRAMA 6 MESES

Semana	Dia	Disciplina	Tema	Dispositivos legais	Leitura	Escuta	Aula	Teoria	Questões
Semana 1	Segunda	SEGURIDADE SOCIAL	1 Seguridade Social. 1.1 Origem e evolução legislativa no Brasil. 1.2 Conceituação. 1.3 Organização e princípios constitucionais.						
		ÉTICA NO SERVIÇO PÚBLICO	1. Código de Ética Profissional do Servidor Público Civil do Poder Executivo Federal	Decreto nº 1.171/1994 e Decreto nº 6.029/2007					
	Terça	REGIME JURÍDICO ÚNICO	1 Regime Jurídico dos Servidores Públicos Civis da Uniãoo.	Lei 8.112/1990					
		NOÇÕES DE DIREITO CONSTITUCIONAL	1. Direitos e deveres fundamentais: 1.1. direitos e deveres individuais e coletivos;						
	Quarta	NOÇÕES DE DIREITO ADMINISTRATIVO	1 Estado, governo e Administração Pública: conceitos, elementos, poderes e organização; natureza, fins e princípios.						
		RACIOCÍNIO LÓGICO	1.1. Conceitos básicos de raciocínio lógico: proposições;						
	Quinta	SEGURIDADE SOCIAL	2 Legislação Previdenciária. 2.1 Conteúdo, fontes, autonomia. 2.2 Aplicação das normas previdenciárias. Vigência, hierarquia, interpretação e integração.						
		LÍNGUA PORTUGUESA	2 Tipologia textual.						
	Sexta	NOÇÕES DE DIREITO ADMINISTRATIVO	1 Estado, governo e Administração Pública: conceitos, elementos, poderes e organização; natureza, fins e princípios.						
		LÍNGUA PORTUGUESA	1 Compreensão e interpretação de textos.						
	Sábado	DIA DE REVISÃO DA MATÉRIA VISTA NA SEMANA (REVEJA SEUS ERROS) OU PARA COLOCAR MATÉRIA EM DIA.							
	Domingo	DESCANSO							
Semana 2	Segunda	SEGURIDADE SOCIAL	3 Regime Geral de Previdência Social. 3.3 Conceito, características e abrangência.3.1 Segurados obrigatórios. contribuinte individual, trabalhador avulso e segurado especial						

CRONOGRAMA 6 MESES

Semana	Dia	Disciplina	Tema	Dispositivos legais	Leitura	Escuta	Aula	Teoria	Questões
		REGIME JURÍDICO ÚNICO	2 O servidor público como agente de desenvolvimento social.						
	Terça	NOÇÕES DE DIREITO CONSTITUCIONAL	1. Direitos e deveres fundamentais: 1.2. direito à vida, à liberdade, à igualdade, à segurança e à propriedade;						
		NOÇÕES DE DIREITO ADMINISTRATIVO	2 Direito Administrativo: conceito, fontes e princípios.						
	Quarta	RACIOCÍNIO LÓGICO	1.2. Conceitos básicos de raciocínio lógico: valores lógicos das proposições;						
		NOÇÕES DE INFORMÁTICA	2 Conceitos básicos e modos de utilização de tecnologias, ferramentas, aplicativos e procedimentos de informática.						
	Quinta	SEGURIDADE SOCIAL	3 Regime Geral de Previdência Social. 3.2 Filiação e inscrição. 3.4 Segurado facultativo: conceito, características, filiação e inscrição.						
		LÍNGUA PORTUGUESA	3 Ortografia oficial.						
	Sexta	NOÇÕES DE DIREITO ADMINISTRATIVO	2 Direito Administrativo: conceito, fontes e princípios.						
		LÍNGUA PORTUGUESA	12 Redação de correspondências oficiais	Manual de Redação da Presidência da República					
	Sábado	DIA DE REVISÃO DA MATÉRIA VISTA NA SEMANA (REVEJA SEUS ERROS) OU PARA COLOCAR MATÉRIA EM DIA.							
	Domingo	DESCANSO							
Semana 3	Segunda	SEGURIDADE SOCIAL	3 Regime Geral de Previdência Social. 3.5 Trabalhadores excluídos do Regime Geral. 4 Empresa e empregador doméstico: conceito previdenciário. 5 Financiamento da Seguridade Social. 5.1 Receitas da União.						

CRONOGRAMA 6 MESES

Semana	Dia	Disciplina	Tema	Dispositivos legais	Leitura	Escuta	Aula	Teoria	Questões
		REGIME JURÍDICO ÚNICO	3 Saúde e qualidade de vida no serviço público.						
	Terça	NOÇÕES DE DIREITO CONSTITUCIONAL	1. Direitos e deveres fundamentais: 1.3. direitos sociais;						
		NOÇÕES DE DIREITO ADMINISTRATIVO	3 Organização administrativa da União; administração direta e indireta.						
	Quarta	RACIOCÍNIO LÓGICO	1.3. Conceitos básicos de raciocínio lógico: sentenças abertas;						
		NOÇÕES DE INFORMÁTICA	3 Conceitos e modos de utilização de aplicativos para edição de textos, planilhas e apresentações utilizando-se a suíte de escritório LibreOffice.						
	Quinta	SEGURIDADE SOCIAL	5 Financiamento da Seguridade Social. 5.2 Receitas das contribuições sociais: dos segurados, das empresas, do empregador doméstico, do produtor rural, do clube de futebol profissional, sobre a receita de concursos de prognósticos, receitas de outras fontes.						
		LÍNGUA PORTUGUESA	4 Acentuação gráfica.						
	Sexta	NOÇÕES DE DIREITO ADMINISTRATIVO	3 Organização administrativa da União; administração direta e indireta.						
		LÍNGUA PORTUGUESA	1 Compreensão e interpretação de textos.						
	Sábado	DIA DE REVISÃO DA MATÉRIA VISTA NA SEMANA (REVEJA SEUS ERROS) OU PARA COLOCAR MATÉRIA EM DIA.							
	Domingo	DESCANSO							
Semana 4	Segunda	SEGURIDADE SOCIAL	5 Financiamento da Seguridade Social. 5.3 Salário-de-contribuição. 5.3.1 Conceito. 5.3.2 Parcelas integrantes e parcelas não-integrantes.						

CRONOGRAMA 6 MESES

Semana	Dia	Disciplina	Tema	Dispositivos legais	Leitura	Escuta	Aula	Teoria	Questões
		NOÇÕES DE DIREITO CONSTITUCIONAL	1. Direitos e deveres fundamentais: 1.4. nacionalidade;						
	Terça	NOÇÕES DE DIREITO ADMINISTRATIVO	4 Agentes públicos: espécies e classificação; poderes, deveres e prerrogativas; cargo, emprego e função públicos; regime jurídico único: provimento, vacância, remoção, redistribuição e substituição; direitos e vantagens; regime disciplinar; responsabilidade civil, criminal e administrativa.						
		RACIOCÍNIO LÓGICO	1.4. Conceitos básicos de raciocínio lógico: número de linhas da tabela verdade;						
	Quarta	NOÇÕES DE INFORMÁTICA	4 Conceitos e modos de utilização de sistemas operacionais Windows 7 e 10.						
		LÍNGUA PORTUGUESA	4 Acentuação gráfica.						
	Quinta	SEGURIDADE SOCIAL	5 Financiamento da Seguridade Social. 5.3 Salário-de-contribuição. 5.3.3 Limites mínimo e máximo. 5.3.4 Proporcionalidade. 5.3.5 Reajustamento.						
		LÍNGUA PORTUGUESA	5 Emprego das classes de palavras.						
	Sexta	NOÇÕES DE DIREITO ADMINISTRATIVO	4 Agentes públicos: espécies e classificação; poderes, deveres e prerrogativas; cargo, emprego e função públicos; regime jurídico único: provimento, vacância, remoção, redistribuição e substituição; direitos e vantagens; regime disciplinar; responsabilidade civil, criminal e administrativa.						
		LÍNGUA PORTUGUESA	12 Redação de correspondências oficiais	Manual de Redação da Presidência da República					
	Sábado	DIA DE REVISÃO DA MATÉRIA VISTA NA SEMANA (REVEJA SEUS ERROS) OU PARA COLOCAR MATÉRIA EM DIA.							
	Domingo	DESCANSO							

CRONOGRAMA 6 MESES

Semana	Dia	Disciplina	Tema	Dispositivos legais	Leitura	Escuta	Aula	Teoria	Questões
Semana 5	Segunda	SEGURIDADE SOCIAL	5 Financiamento da Seguridade Social. 5.4 Arrecadação e recolhimento das contribuições destinadas à seguridade social. 5.4.1 Competência do INSS e da Secretaria da Receita Federal do Brasil. 5.4.2 Obrigações da empresa e demais contribuintes.						
		ÉTICA NO SERVIÇO PÚBLICO	1. Código de Ética Profissional do Servidor Público Civil do Poder Executivo Federal	Decreto nº 1.171/1994 e Decreto nº 6.029/2007					
	Terça	REGIME JURÍDICO ÚNICO	1 Regime Jurídico dos Servidores Públicos Civis da Uniãoo.	Lei 8.112/1990					
		NOÇÕES DE DIREITO CONSTITUCIONAL	1. Direitos e deveres fundamentais: 1.5. cidadania;						
	Quarta	NOÇÕES DE DIREITO ADMINISTRATIVO	4 Agentes públicos: espécies e classificação; poderes, deveres e prerrogativas; cargo, emprego e função públicos; regime jurídico único: provimento, vacância, remoção, redistribuição e substituição; direitos e vantagens; regime disciplinar; responsabilidade civil, criminal e administrativa.						
		RACIOCÍNIO LÓGICO	1.5. Conceitos básicos de raciocínio lógico: conectivos;						
	Quinta	SEGURIDADE SOCIAL	9.1. Plano de Benefícios da Previdência Social: períodos de carência, períodos de graça (equivale ao item 10): Manutenção, perda e restabelecimento da qualidade de segurado.						
		NOÇÕES DE INFORMÁTICA	5 Noções básicas de ferramentas e aplicativos de navegação e correio eletrônico.						
	Sexta	NOÇÕES DE DIREITO ADMINISTRATIVO	4 Agentes públicos: espécies e classificação; poderes, deveres e prerrogativas; cargo, emprego e função públicos; regime jurídico único: provimento, vacância, remoção, redistribuição e substituição; direitos e vantagens; regime disciplinar; responsabilidade civil, criminal e administrativa.						
		LÍNGUA PORTUGUESA	1 Compreensão e interpretação de textos.						

CRONOGRAMA 6 MESES

Semana	Dia	Disciplina	Tema	Dispositivos legais	Leitura	Escuta	Aula	Teoria	Questões
	Sábado	DIA DE REVISÃO DA MATÉRIA VISTA NA SEMANA (REVEJA SEUS ERROS) OU PARA COLOCAR MATÉRIA EM DIA.							
	Domingo	DESCANSO							
Semana 6	Segunda	SEGURIDADE SOCIAL	9.2 Plano de Benefícios da Previdência Social: dependentes dos segurados, salário-de-benefício, renda mensal do benefício, reajustamento do valor dos benefícios.						
		REGIME JURÍDICO ÚNICO	2 O servidor público como agente de desenvolvimento social.						
	Terça	NOÇÕES DE DIREITO CONSTITUCIONAL	1. Direitos e deveres fundamentais: 1.6. garantias constitucionais individuais;						
		NOÇÕES DE DIREITO ADMINISTRATIVO	5 Poderes administrativos: poder hierárquico; poder disciplinar; poder regulamentar; poder de polícia; uso e abuso do poder.						
	Quarta	RACIOCÍNIO LÓGICO	1.6. Conceitos básicos de raciocínio lógico: proposições simples;						
		NOÇÕES DE INFORMÁTICA	6 Noções básicas de segurança e proteção: vírus, worms e derivados.						
	Quinta	SEGURIDADE SOCIAL	9.3 Plano de Benefícios da Previdência Social: benefícios (aposentadoria por incapacidade permanente e auxílio por incapacidade temporária)						
		LÍNGUA PORTUGUESA	6 Emprego do sinal indicativo de crase.						
	Sexta	NOÇÕES DE DIREITO ADMINISTRATIVO	5 Poderes administrativos: poder hierárquico; poder disciplinar; poder regulamentar; poder de polícia; uso e abuso do poder.						
		LÍNGUA PORTUGUESA	12 Redação de correspondências oficiais	Manual de Redação da Presidência da República					

CRONOGRAMA 6 MESES

Semana	Dia	Disciplina	Tema	Dispositivos legais	Leitura	Escuta	Aula	Teoria	Questões
	Sábado	DIA DE REVISÃO DA MATÉRIA VISTA NA SEMANA (REVEJA SEUS ERROS) OU PARA COLOCAR MATÉRIA EM DIA.							
	Domingo	DESCANSO							
Semana 7	Segunda	SEGURIDADE SOCIAL	9.4 Plano de Benefícios da Previdência Social: benefícios (aposentadoria programada e aposentadoria por idade rural)						
		REGIME JURÍDICO ÚNICO	3 Saúde e qualidade de vida no serviço público.						
	Terça	NOÇÕES DE DIREITO CONSTITUCIONAL	1. Direitos e deveres fundamentais: 1.7. garantias dos direitos coletivos, sociais e políticos.						
		NOÇÕES DE DIREITO ADMINISTRATIVO	6 Ato administrativo: validade, eficácia; atributos; extinção, desfazimento e sanatória; classificação, espécies e exteriorização; vinculação e discricionariedade.						
	Quarta	RACIOCÍNIO LÓGICO	1.7. Conceitos básicos de raciocínio lógico: proposições compostas.						
		NOÇÕES DE INFORMÁTICA	1 Conceitos de Internet e intranet.						
	Quinta	SEGURIDADE SOCIAL	9.5 Plano de Benefícios da Previdência Social: benefícios (aposentadoria especial por agentes nocivos e aposentadoria das pessoas com deficiência)						
		LÍNGUA PORTUGUESA	6 Emprego do sinal indicativo de crase.						
	Sexta	NOÇÕES DE DIREITO ADMINISTRATIVO	6 Ato administrativo: validade, eficácia; atributos; extinção, desfazimento e sanatória; classificação, espécies e exteriorização; vinculação e discricionariedade.						
		LÍNGUA PORTUGUESA	1 Compreensão e interpretação de textos.						

CRONOGRAMA 6 MESES

Semana	Dia	Disciplina	Tema	Dispositivos legais	Leitura	Escuta	Aula	Teoria	Questões
	Sábado	DIA DE REVISÃO DA MATÉRIA VISTA NA SEMANA (REVEJA SEUS ERROS) OU PARA COLOCAR MATÉRIA EM DIA.							
	Domingo	DESCANSO							
Semana 8	Segunda	SEGURIDADE SOCIAL	9.6 Plano de Benefícios da Previdência Social: benefícios (salário-família, salário-maternidade e auxílio-acidente)						
		NOÇÕES DE DIREITO CONSTITUCIONAL	2 Administração Pública						
	Terça	NOÇÕES DE DIREITO ADMINISTRATIVO	7 Serviços Públicos: conceito, classificação, regulamentação e controle; forma, meios e requisitos; delegação: concessão, permissão, autorização.						
		RACIOCÍNIO LÓGICO	2 Tautologia.						
	Quarta	NOÇÕES DE INFORMÁTICA	2 Conceitos básicos e modos de utilização de tecnologias, ferramentas, aplicativos e procedimentos de informática.						
		LÍNGUA PORTUGUESA	7 Sintaxe da oração e do período.						
	Quinta	SEGURIDADE SOCIAL	9.7 Plano de Benefícios da Previdência Social: benefícios (pensão por morte e auxílio-reclusão)						
		LÍNGUA PORTUGUESA	8 Pontuação.						
	Sexta	NOÇÕES DE DIREITO ADMINISTRATIVO	7 Serviços Públicos: conceito, classificação, regulamentação e controle; forma, meios e requisitos; delegação: concessão, permissão, autorização.						
		LÍNGUA PORTUGUESA	12 Redação de correspondências oficiais	Manual de Redação da Presidência da República					

CRONOGRAMA 6 MESES

Semana	Dia	Disciplina	Tema	Dispositivos legais	Leitura	Escuta	Aula	Teoria	Questões
	Sábado	DIA DE REVISÃO DA MATÉRIA VISTA NA SEMANA (REVEJA SEUS ERROS) OU PARA COLOCAR MATÉRIA EM DIA.							
	Domingo	DESCANSO							
Semana 9	Segunda	SEGURIDADE SOCIAL	9.8 Plano de Benefícios da Previdência Social: benefícios (acumulação de benefícios, serviço social e reabilitação profissional)						
		ÉTICA NO SERVIÇO PÚBLICO	1. Código de Ética Profissional do Servidor Público Civil do Poder Executivo Federal	Decreto nº 1.171/1994 e Decreto nº 6.029/2007					
	Terça	REGIME JURÍDICO ÚNICO	1 Regime Jurídico dos Servidores Públicos Civis da Uniãoo.	Lei 8.112/1990					
		NOÇÕES DE DIREITO CONSTITUCIONAL	2 Administração Pública						
	Quarta	NOÇÕES DE DIREITO ADMINISTRATIVO	8 Controle e responsabilização da administração: controle administrativo; controle judicial; controle legislativo; responsabilidade civil do Estado.	Lei nº 8.429/1992					
		RACIOCÍNIO LÓGICO	2 Tautologia.						
	Quinta	SEGURIDADE SOCIAL	9.9 Plano de Benefícios da Previdência Social: benefícios (temas finais da Lei 8.213/91: decadência e prescrição; ação regressiva e artigos da parte final)						
		NOÇÕES DE INFORMÁTICA	3 Conceitos e modos de utilização de aplicativos para edição de textos, planilhas e apresentações utilizando-se a suíte de escritório LibreOffice.						
	Sexta	NOÇÕES DE DIREITO ADMINISTRATIVO	8 Controle e responsabilização da administração: controle administrativo; controle judicial; controle legislativo; responsabilidade civil do Estado.	Lei nº 8.429/1992					

CRONOGRAMA 6 MESES

Semana	Dia	Disciplina	Tema	Dispositivos legais	Leitura	Escuta	Aula	Teoria	Questões
		LÍNGUA PORTUGUESA	1 Compreensão e interpretação de textos.						
	Sábado	DIA DE REVISÃO DA MATÉRIA VISTA NA SEMANA (REVEJA SEUS ERROS) OU PARA COLOCAR MATÉRIA EM DIA.							
	Domingo	DESCANSO							
Semana 10	Segunda	SEGURIDADE SOCIAL	8 Recurso das decisões administrativas. 7 Crimes contra a Seguridade Social.						
		REGIME JURÍDICO ÚNICO	2 O servidor público como agente de desenvolvimento social.						
	Terça	NOÇÕES DE DIREITO CONSTITUCIONAL	1. Direitos e deveres fundamentais: 1.1. direitos e deveres individuais e coletivos; 1.2. direito à vida, à liberdade, à igualdade, à segurança e à propriedade; 1.3. direitos sociais;						
		NOÇÕES DE DIREITO ADMINISTRATIVO	9 Processo Administrativo	Lei nº 9.784/1999					
	Quarta	RACIOCÍNIO LÓGICO	3 Operação com conjuntos.						
		NOÇÕES DE INFORMÁTICA	4 Conceitos e modos de utilização de sistemas operacionais Windows 7 e 10.						
	Quinta	SEGURIDADE SOCIAL	14 Lei de Assistência Social (LOAS): parte geral						
		LÍNGUA PORTUGUESA	7 Sintaxe da oração e do período.						
	Sexta	NOÇÕES DE DIREITO ADMINISTRATIVO	9 Processo Administrativo	Lei nº 9.784/1999					
		LÍNGUA PORTUGUESA	12 Redação de correspondências oficiais	Manual de Redação da Presidência da República					

CRONOGRAMA 6 MESES

Semana	Dia	Disciplina	Tema	Dispositivos legais	Leitura	Escuta	Aula	Teoria	Questões
	Sábado	DIA DE REVISÃO DA MATÉRIA VISTA NA SEMANA (REVEJA SEUS ERROS) OU PARA COLOCAR MATÉRIA EM DIA.							
	Domingo	DESCANSO							
Semana 11	Segunda	SEGURIDADE SOCIAL	14 Lei de Assistência Social (LOAS): parte específica – BPC/LOAS						
		REGIME JURÍDICO ÚNICO	3 Saúde e qualidade de vida no serviço público.						
	Terça	NOÇÕES DE DIREITO CONSTITUCIONAL	1. Direitos e deveres fundamentais: 1.4. nacionalidade; 1.5. cidadania; 1.6. garantias constitucionais individuais; 1.7. garantias dos direitos coletivos, sociais e políticos.						
		NOÇÕES DE DIREITO ADMINISTRATIVO	5 Poderes administrativos: poder hierárquico; poder disciplinar; poder regulamentar; poder de polícia; uso e abuso do poder.	Lei nº 9.784/1999					
	Quarta	RACIOCÍNIO LÓGICO	4 Cálculos com porcentagens.						
		NOÇÕES DE INFORMÁTICA	5 Noções básicas de ferramentas e aplicativos de navegação e correio eletrônico.						
	Quinta	SEGURIDADE SOCIAL	14 Lei de Assistência Social (LOAS): parte específica – auxílio-inclusão						
		LÍNGUA PORTUGUESA	9 Concordância nominal e verbal.						
	Sexta	NOÇÕES DE DIREITO ADMINISTRATIVO	5 Poderes administrativos: poder hierárquico; poder disciplinar; poder regulamentar; poder de polícia; uso e abuso do poder.	Lei nº 9.784/1999					
		LÍNGUA PORTUGUESA	1 Compreensão e interpretação de textos.						
	Sábado	DIA DE REVISÃO DA MATÉRIA VISTA NA SEMANA (REVEJA SEUS ERROS) OU PARA COLOCAR MATÉRIA EM DIA.							
	Domingo	DESCANSO							

CRONOGRAMA 6 MESES

Semana	Dia	Disciplina	Tema	Dispositivos legais	Leitura	Escuta	Aula	Teoria	Questões
Semana 12	Segunda	SEGURIDADE SOCIAL	Revisão Plano de custeio da previdência social						
		NOÇÕES DE DIREITO CONSTITU-CIONAL	2 Administração Pública						
	Terça	NOÇÕES DE DIREITO ADMINIS-TRATIVO	8 Controle e responsabilização da administração: controle administrativo; controle judicial; controle legislativo; responsabilidade civil do Estado.	Lei nº 8.429/1992					
		RACIOCÍNIO LÓGICO	4 Cálculos com porcentagens.						
	Quarta	NOÇÕES DE INFORMÁTICA	6 Noções básicas de segurança e proteção: vírus, worms e derivados.						
		LÍNGUA PORTUGUESA	10 Regências nominal e verbal.						
	Quinta	SEGURIDADE SOCIAL	Revisão Planos de Benefícios da Previdência Social						
		LÍNGUA PORTUGUESA	11 Significação das palavras.						
	Sexta	NOÇÕES DE DIREITO ADMINIS-TRATIVO	8 Controle e responsabilização da administração: controle administrativo; controle judicial; controle legislativo; responsabilidade civil do Estado.	Lei nº 8.429/1992					
		LÍNGUA PORTUGUESA	12 Redação de correspondências oficiais	Manual de Redação da Presidência da República					
	Sábado	DIA DE REVISÃO DA MATÉRIA VISTA NA SEMANA (REVEJA SEUS ERROS) OU PARA COLOCAR MATÉRIA EM DIA.							
	Domingo	DESCANSO							
Semana 13	Segunda	SEGURIDADE SOCIAL	1 Seguridade Social. 1.1 Origem e evolução legislativa no Brasil. 1.2 Conceituação. 1.3 Organização e princípios constitucionais.						
		ÉTICA NO SERVIÇO PÚBLICO	1. Código de Ética Profissional do Servidor Público Civil do Poder Executivo Federal	Decreto nº 1.171/1994 e Decreto nº 6.029/2007					
	Terça	REGIME JURÍDICO ÚNICO	1 Regime Jurídico dos Servidores Públicos Civis da Uniãoo.	Lei 8.112/1990					

CRONOGRAMA 6 MESES

Semana	Dia	Disciplina	Tema	Dispositivos legais	Leitura	Escuta	Aula	Teoria	Questões
		NOÇÕES DE DIREITO CONSTITUCIONAL	1. Direitos e deveres fundamentais: 1.1. direitos e deveres individuais e coletivos;						
	Quarta	NOÇÕES DE DIREITO ADMINISTRATIVO	1 Estado, governo e Administração Pública: conceitos, elementos, poderes e organização; natureza, fins e princípios.						
		RACIOCÍNIO LÓGICO	1.1. Conceitos básicos de raciocínio lógico: proposições;						
	Quinta	SEGURIDADE SOCIAL	2 Legislação Previdenciária. 2.1 Conteúdo, fontes, autonomia. 2.2 Aplicação das normas previdenciárias. Vigência, hierarquia, interpretação e integração.						
		LÍNGUA PORTUGUESA	2 Tipologia textual.						
	Sexta	NOÇÕES DE DIREITO ADMINISTRATIVO	1 Estado, governo e Administração Pública: conceitos, elementos, poderes e organização; natureza, fins e princípios.						
		LÍNGUA PORTUGUESA	1 Compreensão e interpretação de textos.						
	Sábado	DIA DE REVISÃO DA MATÉRIA VISTA NA SEMANA (REVEJA SEUS ERROS) OU PARA COLOCAR MATÉRIA EM DIA.							
	Domingo	DESCANSO							
Semana 14	Segunda	SEGURIDADE SOCIAL	3 Regime Geral de Previdência Social. 3.3 Conceito, características e abrangência.3.1 Segurados obrigatórios. contribuinte individual, trabalhador avulso e segurado especial						
		REGIME JURÍDICO ÚNICO	2 O servidor público como agente de desenvolvimento social.						
	Terça	NOÇÕES DE DIREITO CONSTITUCIONAL	1. Direitos e deveres fundamentais: 1.2. direito à vida, à liberdade, à igualdade, à segurança e à propriedade;						
		NOÇÕES DE DIREITO ADMINISTRATIVO	2 Direito Administrativo: conceito, fontes e princípios.						

CRONOGRAMA 6 MESES

Semana	Dia	Disciplina	Tema	Dispositivos legais	Leitura	Escuta	Aula	Teoria	Questões
	Quarta	RACIOCÍNIO LÓGICO	1.2. Conceitos básicos de raciocínio lógico: valores lógicos das proposições;						
		NOÇÕES DE INFORMÁTICA	2 Conceitos básicos e modos de utilização de tecnologias, ferramentas, aplicativos e procedimentos de informática.						
	Quinta	SEGURIDADE SOCIAL	3 Regime Geral de Previdência Social. 3.2 Filiação e inscrição. 3.4 Segurado facultativo: conceito, características, filiação e inscrição.						
		LÍNGUA PORTUGUESA	3 Ortografia oficial.						
	Sexta	NOÇÕES DE DIREITO ADMINISTRATIVO	2 Direito Administrativo: conceito, fontes e princípios.						
		LÍNGUA PORTUGUESA	12 Redação de correspondências oficiais	Manual de Redação da Presidência da República					
	Sábado	DIA DE REVISÃO DA MATÉRIA VISTA NA SEMANA (REVEJA SEUS ERROS) OU PARA COLOCAR MATÉRIA EM DIA.							
	Domingo	DESCANSO							
Semana 15	Segunda	SEGURIDADE SOCIAL	3 Regime Geral de Previdência Social. 3.5 Trabalhadores excluídos do Regime Geral. 4 Empresa e empregador doméstico: conceito previdenciário. 5 Financiamento da Seguridade Social. 5.1 Receitas da União.						
		REGIME JURÍDICO ÚNICO	3 Saúde e qualidade de vida no serviço público.						
	Terça	NOÇÕES DE DIREITO CONSTITUCIONAL	1. Direitos e deveres fundamentais: 1.3. direitos sociais;						
		NOÇÕES DE DIREITO ADMINISTRATIVO	3 Organização administrativa da União; administração direta e indireta.						
	Quarta	RACIOCÍNIO LÓGICO	1.3. Conceitos básicos de raciocínio lógico: sentenças abertas;						

CRONOGRAMA 6 MESES

Semana	Dia	Disciplina	Tema	Dispositivos legais	Leitura	Escuta	Aula	Teoria	Questões
		NOÇÕES DE INFORMÁTICA	3 Conceitos e modos de utilização de aplicativos para edição de textos, planilhas e apresentações utilizando-se a suíte de escritório LibreOffice.						
	Quinta	SEGURIDADE SOCIAL	5 Financiamento da Seguridade Social. 5.2 Receitas das contribuições sociais: dos segurados, das empresas, do empregador doméstico, do produtor rural, do clube de futebol profissional, sobre a receita de concursos de prognósticos, receitas de outras fontes.						
		LÍNGUA PORTUGUESA	4 Acentuação gráfica.						
	Sexta	NOÇÕES DE DIREITO ADMINISTRATIVO	3 Organização administrativa da União; administração direta e indireta.						
		LÍNGUA PORTUGUESA	1 Compreensão e interpretação de textos.						
	Sábado	DIA DE REVISÃO DA MATÉRIA VISTA NA SEMANA (REVEJA SEUS ERROS) OU PARA COLOCAR MATÉRIA EM DIA.							
	Domingo	DESCANSO							
Semana 16	Segunda	SEGURIDADE SOCIAL	5 Financiamento da Seguridade Social. 5.3 Salário-de-contribuição. 5.3.1 Conceito. 5.3.2 Parcelas integrantes e parcelas não-integrantes.						
		NOÇÕES DE DIREITO CONSTITUCIONAL	1. Direitos e deveres fundamentais: 1.4. nacionalidade;						
	Terça	NOÇÕES DE DIREITO ADMINISTRATIVO	4 Agentes públicos: espécies e classificação; poderes, deveres e prerrogativas; cargo, emprego e função públicos; regime jurídico único: provimento, vacância, remoção, redistribuição e substituição; direitos e vantagens; regime disciplinar; responsabilidade civil, criminal e administrativa.						

CRONOGRAMA 6 MESES

Semana	Dia	Disciplina	Tema	Dispositivos legais	Leitura	Escuta	Aula	Teoria	Questões
		RACIOCÍNIO LÓGICO	1.4. Conceitos básicos de raciocínio lógico: número de linhas da tabela verdade;						
	Quarta	NOÇÕES DE INFORMÁTICA	4 Conceitos e modos de utilização de sistemas operacionais Windows 7 e 10.						
		LÍNGUA PORTUGUESA	4 Acentuação gráfica.						
	Quinta	SEGURIDADE SOCIAL	5 Financiamento da Seguridade Social. 5.3 Salário-de-contribuição. 5.3.3 Limites mínimo e máximo. 5.3.4 Proporcionalidade. 5.3.5 Reajustamento.						
		LÍNGUA PORTUGUESA	5 Emprego das classes de palavras.						
	Sexta	NOÇÕES DE DIREITO ADMINISTRATIVO	4 Agentes públicos: espécies e classificação; poderes, deveres e prerrogativas; cargo, emprego e função públicos; regime jurídico único: provimento, vacância, remoção, redistribuição e substituição; direitos e vantagens; regime disciplinar; responsabilidade civil, criminal e administrativa.						
		LÍNGUA PORTUGUESA	12 Redação de correspondências oficiais	Manual de Redação da Presidência da República					
	Sábado	DIA DE REVISÃO DA MATÉRIA VISTA NA SEMANA (REVEJA SEUS ERROS) OU PARA COLOCAR MATÉRIA EM DIA.							
	Domingo	DESCANSO							
Semana 17	Segunda	SEGURIDADE SOCIAL	5 Financiamento da Seguridade Social. 5.4 Arrecadação e recolhimento das contribuições destinadas à seguridade social. 5.4.1 Competência do INSS e da Secretaria da Receita Federal do Brasil. 5.4.2 Obrigações da empresa e demais contribuintes.						
		ÉTICA NO SERVIÇO PÚBLICO	1. Código de Ética Profissional do Servidor Público Civil do Poder Executivo Federal	Decreto nº 1.171/1994 e Decreto nº 6.029/2007					
	Terça	REGIME JURÍDICO ÚNICO	1 Regime Jurídico dos Servidores Públicos Civis da Uniãoo.	Lei 8.112/1990					

CRONOGRAMA 6 MESES

Semana	Dia	Disciplina	Tema	Dispositivos legais	Leitura	Escuta	Aula	Teoria	Questões
		NOÇÕES DE DIREITO CONSTITUCIONAL	1. Direitos e deveres fundamentais: 1.5. cidadania;						
	Quarta	NOÇÕES DE DIREITO ADMINISTRATIVO	4 Agentes públicos: espécies e classificação; poderes, deveres e prerrogativas; cargo, emprego e função públicos; regime jurídico único: provimento, vacância, remoção, redistribuição e substituição; direitos e vantagens; regime disciplinar; responsabilidade civil, criminal e administrativa.						
		RACIOCÍNIO LÓGICO	1.5. Conceitos básicos de raciocínio lógico: conectivos;						
	Quinta	SEGURIDADE SOCIAL	9.1. Plano de Benefícios da Previdência Social: períodos de carência, períodos de graça (equivale ao item 10): Manutenção, perda e restabelecimento da qualidade de segurado.						
		NOÇÕES DE INFORMÁTICA	5 Noções básicas de ferramentas e aplicativos de navegação e correio eletrônico.						
	Sexta	NOÇÕES DE DIREITO ADMINISTRATIVO	4 Agentes públicos: espécies e classificação; poderes, deveres e prerrogativas; cargo, emprego e função públicos; regime jurídico único: provimento, vacância, remoção, redistribuição e substituição; direitos e vantagens; regime disciplinar; responsabilidade civil, criminal e administrativa.						
		LÍNGUA PORTUGUESA	1 Compreensão e interpretação de textos.						
	Sábado	DIA DE REVISÃO DA MATÉRIA VISTA NA SEMANA (REVEJA SEUS ERROS) OU PARA COLOCAR MATÉRIA EM DIA.							
	Domingo	DESCANSO							
Semana 18	Segunda	SEGURIDADE SOCIAL	9.2 Plano de Benefícios da Previdência Social: dependentes dos segurados, salário-de-benefício, renda mensal do benefício, reajustamento do valor dos benefícios.						

CRONOGRAMA 6 MESES

Semana	Dia	Disciplina	Tema	Dispositivos legais	Leitura	Escuta	Aula	Teoria	Questões
		REGIME JURÍDICO ÚNICO	2 O servidor público como agente de desenvolvimento social.						
	Terça	NOÇÕES DE DIREITO CONSTITUCIONAL	1. Direitos e deveres fundamentais: 1.6. garantias constitucionais individuais;						
		NOÇÕES DE DIREITO ADMINISTRATIVO	5 Poderes administrativos: poder hierárquico; poder disciplinar; poder regulamentar; poder de polícia; uso e abuso do poder.						
	Quarta	RACIOCÍNIO LÓGICO	1.6. Conceitos básicos de raciocínio lógico: proposições simples;						
		NOÇÕES DE INFORMÁTICA	6 Noções básicas de segurança e proteção: vírus, worms e derivados.						
	Quinta	SEGURIDADE SOCIAL	9.3 Plano de Benefícios da Previdência Social: benefícios (aposentadoria por incapacidade permanente e auxílio por incapacidade temporária)						
		LÍNGUA PORTUGUESA	6 Emprego do sinal indicativo de crase.						
	Sexta	NOÇÕES DE DIREITO ADMINISTRATIVO	5 Poderes administrativos: poder hierárquico; poder disciplinar; poder regulamentar; poder de polícia; uso e abuso do poder.						
		LÍNGUA PORTUGUESA	12 Redação de correspondências oficiais	Manual de Redação da Presidência da República					
	Sábado	DIA DE REVISÃO DA MATÉRIA VISTA NA SEMANA (REVEJA SEUS ERROS) OU PARA COLOCAR MATÉRIA EM DIA.							
	Domingo	DESCANSO							
Semana 19	Segunda	SEGURIDADE SOCIAL	9.4 Plano de Benefícios da Previdência Social: benefícios (aposentadoria programada e aposentadoria por idade rural)						
		REGIME JURÍDICO ÚNICO	3 Saúde e qualidade de vida no serviço público.						

CRONOGRAMA 6 MESES

Semana	Dia	Disciplina	Tema	Dispositivos legais	Leitura	Escuta	Aula	Teoria	Questões
	Terça	NOÇÕES DE DIREITO CONSTITUCIONAL	1. Direitos e deveres fundamentais: 1.7. garantias dos direitos coletivos, sociais e políticos.						
		NOÇÕES DE DIREITO ADMINISTRATIVO	6 Ato administrativo: validade, eficácia; atributos; extinção, desfazimento e sanatória; classificação, espécies e exteriorização; vinculação e discricionariedade.						
	Quarta	RACIOCÍNIO LÓGICO	1.7. Conceitos básicos de raciocínio lógico: proposições compostas.						
		NOÇÕES DE INFORMÁTICA	1 Conceitos de Internet e intranet.						
	Quinta	SEGURIDADE SOCIAL	9.5 Plano de Benefícios da Previdência Social: benefícios (aposentadoria especial por agentes nocivos e aposentadoria das pessoas com deficiência)						
		LÍNGUA PORTUGUESA	6 Emprego do sinal indicativo de crase.						
	Sexta	NOÇÕES DE DIREITO ADMINISTRATIVO	6 Ato administrativo: validade, eficácia; atributos; extinção, desfazimento e sanatória; classificação, espécies e exteriorização; vinculação e discricionariedade.						
		LÍNGUA PORTUGUESA	1 Compreensão e interpretação de textos.						
	Sábado	DIA DE REVISÃO DA MATÉRIA VISTA NA SEMANA (REVEJA SEUS ERROS) OU PARA COLOCAR MATÉRIA EM DIA.							
	Domingo	DESCANSO							
Semana 20	Segunda	SEGURIDADE SOCIAL	9.6 Plano de Benefícios da Previdência Social: benefícios (salário-família, salário-maternidade e auxílio-acidente)						
		NOÇÕES DE DIREITO CONSTITUCIONAL	2 Administração Pública						

CRONOGRAMA 6 MESES

Semana	Dia	Disciplina	Tema	Dispositivos legais	Leitura	Escuta	Aula	Teoria	Questões
	Terça	NOÇÕES DE DIREITO ADMINIS-TRATIVO	7 Serviços Públicos: conceito, classificação, regulamentação e controle; forma, meios e requisitos; delegação: concessão, permissão, autorização.						
		RACIOCÍNIO LÓGICO	2 Tautologia.						
	Quarta	NOÇÕES DE INFORMÁ-TICA	2 Conceitos básicos e modos de utilização de tecnologias, ferramentas, aplicativos e procedimentos de informática.						
		LÍNGUA PORTUGUESA	7 Sintaxe da oração e do período.						
	Quinta	SEGURIDADE SOCIAL	9.7 Plano de Benefícios da Previdência Social: benefícios (pensão por morte e auxílio--reclusão)						
		LÍNGUA PORTUGUESA	8 Pontuação.						
	Sexta	NOÇÕES DE DIREITO ADMINIS-TRATIVO	7 Serviços Públicos: conceito, classificação, regulamentação e controle; forma, meios e requisitos; delegação: concessão, permissão, autorização.						
		LÍNGUA PORTUGUESA	12 Redação de correspondências oficiais	Manual de Redação da Presidência da República					
	Sábado	DIA DE REVISÃO DA MATÉRIA VISTA NA SEMANA (REVEJA SEUS ERROS) OU PARA COLOCAR MATÉRIA EM DIA.							
	Domingo	DESCANSO							
Semana 21	Segunda	SEGURIDADE SOCIAL	9.8 Plano de Benefícios da Previdência Social: benefícios (acumulação de benefícios, serviço social e reabilitação profissional)						
		ÉTICA NO SERVIÇO PÚBLICO	1. Código de Ética Profissional do Servidor Público Civil do Poder Executivo Federal	Decreto nº 1.171/1994 e Decreto nº 6.029/2007					
	Terça	REGIME JURÍDICO ÚNICO	1 Regime Jurídico dos Servidores Públicos Civis da Uniãoo.	Lei 8.112/1990					

CRONOGRAMA 6 MESES

Semana	Dia	Disciplina	Tema	Dispositivos legais	Leitura	Escuta	Aula	Teoria	Questões
		NOÇÕES DE DIREITO CONSTITUCIONAL	2 Administração Pública						
	Quarta	NOÇÕES DE DIREITO ADMINISTRATIVO	8 Controle e responsabilização da administração: controle administrativo; controle judicial; controle legislativo; responsabilidade civil do Estado.	Lei nº 8.429/1992					
		RACIOCÍNIO LÓGICO	2 Tautologia.						
	Quinta	SEGURIDADE SOCIAL	9.9 Plano de Benefícios da Previdência Social: benefícios (temas finais da Lei 8.213/91: decadência e prescrição; ação regressiva e artigos da parte final)						
		NOÇÕES DE INFORMÁTICA	3 Conceitos e modos de utilização de aplicativos para edição de textos, planilhas e apresentações utilizando-se a suíte de escritório LibreOffice.						
	Sexta	NOÇÕES DE DIREITO ADMINISTRATIVO	8 Controle e responsabilização da administração: controle administrativo; controle judicial; controle legislativo; responsabilidade civil do Estado.	Lei nº 8.429/1992					
		LÍNGUA PORTUGUESA	1 Compreensão e interpretação de textos.						
	Sábado	DIA DE REVISÃO DA MATÉRIA VISTA NA SEMANA (REVEJA SEUS ERROS) OU PARA COLOCAR MATÉRIA EM DIA.							
	Domingo	DESCANSO							
Semana 22	Segunda	SEGURIDADE SOCIAL	8 Recurso das decisões administrativas. 7 Crimes contra a Seguridade Social.						
		REGIME JURÍDICO ÚNICO	2 O servidor público como agente de desenvolvimento social.						
	Terça	NOÇÕES DE DIREITO CONSTITUCIONAL	1. Direitos e deveres fundamentais: 1.1. direitos e deveres individuais e coletivos; 1.2. direito à vida, à liberdade, à igualdade, à segurança e à propriedade; 1.3. direitos sociais;						

CRONOGRAMA 6 MESES

Semana	Dia	Disciplina	Tema	Dispositivos legais	Leitura	Escuta	Aula	Teoria	Questões
		NOÇÕES DE DIREITO ADMINISTRATIVO	9 Processo Administrativo	Lei nº 9.784/1999					
	Quarta	RACIOCÍNIO LÓGICO	3 Operação com conjuntos.						
		NOÇÕES DE INFORMÁTICA	4 Conceitos e modos de utilização de sistemas operacionais Windows 7 e 10.						
	Quinta	SEGURIDADE SOCIAL	14 Lei de Assistência Social (LOAS): parte geral						
		LÍNGUA PORTUGUESA	7 Sintaxe da oração e do período.						
	Sexta	NOÇÕES DE DIREITO ADMINISTRATIVO	9 Processo Administrativo	Lei nº 9.784/1999					
		LÍNGUA PORTUGUESA	12 Redação de correspondências oficiais	Manual de Redação da Presidência da República					
	Sábado	DIA DE REVISÃO DA MATÉRIA VISTA NA SEMANA (REVEJA SEUS ERROS) OU PARA COLOCAR MATÉRIA EM DIA.							
	Domingo	DESCANSO							
Semana 23	Segunda	SEGURIDADE SOCIAL	14 Lei de Assistência Social (LOAS): parte específica – BPC/LOAS						
		REGIME JURÍDICO ÚNICO	3 Saúde e qualidade de vida no serviço público.						
	Terça	NOÇÕES DE DIREITO CONSTITUCIONAL	1. Direitos e deveres fundamentais: 1.4. nacionalidade; 1.5. cidadania; 1.6. garantias constitucionais individuais; 1.7. garantias dos direitos coletivos, sociais e políticos.						
		NOÇÕES DE DIREITO ADMINISTRATIVO	5 Poderes administrativos: poder hierárquico; poder disciplinar; poder regulamentar; poder de polícia; uso e abuso do poder.	Lei nº 9.784/1999					
	Quarta	RACIOCÍNIO LÓGICO	4 Cálculos com porcentagens.						

CRONOGRAMA 6 MESES

Semana	Dia	Disciplina	Tema	Dispositivos legais	Leitura	Escuta	Aula	Teoria	Questões
		NOÇÕES DE INFORMÁTICA	5 Noções básicas de ferramentas e aplicativos de navegação e correio eletrônico.						
	Quinta	SEGURIDADE SOCIAL	14 Lei de Assistência Social (LOAS): parte específica – auxílio-inclusão						
		LÍNGUA PORTUGUESA	9 Concordância nominal e verbal.						
	Sexta	NOÇÕES DE DIREITO ADMINISTRATIVO	5 Poderes administrativos: poder hierárquico; poder disciplinar; poder regulamentar; poder de polícia; uso e abuso do poder.	Lei n° 9.784/1999					
		LÍNGUA PORTUGUESA	1 Compreensão e interpretação de textos.						
	Sábado	DIA DE REVISÃO DA MATÉRIA VISTA NA SEMANA (REVEJA SEUS ERROS) OU PARA COLOCAR MATÉRIA EM DIA.							
	Domingo	DESCANSO							
Semana 24	Segunda	SEGURIDADE SOCIAL	Revisão Plano de custeio da previdência social						
		NOÇÕES DE DIREITO CONSTITUCIONAL	2 Administração Pública						
	Terça	NOÇÕES DE DIREITO ADMINISTRATIVO	8 Controle e responsabilização da administração: controle administrativo; controle judicial; controle legislativo; responsabilidade civil do Estado.	Lei nº 8.429/1992					
		RACIOCÍNIO LÓGICO	4 Cálculos com porcentagens.						
	Quarta	NOÇÕES DE INFORMÁTICA	6 Noções básicas de segurança e proteção: vírus, worms e derivados.						
		LÍNGUA PORTUGUESA	10 Regências nominal e verbal.						
	Quinta	SEGURIDADE SOCIAL	Revisão Planos de Benefícios da Previdência Social						
		LÍNGUA PORTUGUESA	11 Significação das palavras.						

CRONOGRAMA 6 MESES

Semana	Dia	Disciplina	Tema	Dispositivos legais	Leitura	Escuta	Aula	Teoria	Questões
	Sexta	NOÇÕES DE DIREITO ADMINIS-TRATIVO	8 Controle e responsabilização da administração: controle administrativo; controle judicial; controle legislativo; responsabilidade civil do Estado.	Lei nº 8.429/1992					
		LÍNGUA PORTUGUESA	12 Redação de correspondências oficiais	Manual de Redação da Presidência da República					
	Sábado	DIA DE REVISÃO DA MATÉRIA VISTA NA SEMANA (REVEJA SEUS ERROS) OU PARA COLOCAR MATÉRIA EM DIA.							
	Domingo	DESCANSO							

CONTEÚDO PROGRAMÁTICO

ÉTICA NO SERVIÇO PÚBLICO	Código de Ética Profissional do Servidor Público Civil do Poder Executivo Federal	Decreto nº 1.171/1994 e Decreto nº 6.029/2007
REGIME JURÍDICO ÚNICO	1 Regime Jurídico dos Servidores Públicos Civis da Uniãoo.	Lei 8.112/1990
REGIME JURÍDICO ÚNICO	2 O servidor público como agente de desenvolvimento social.	
REGIME JURÍDICO ÚNICO	3 Saúde e qualidade de vida no serviço público.	
NOÇÕES DE DIREITO CONSTITUCIONAL	1. Direitos e deveres fundamentais: 1.1. direitos e deveres individuais e coletivos;	
NOÇÕES DE DIREITO CONSTITUCIONAL	1. Direitos e deveres fundamentais: 1.2. direito à vida, à liberdade, à igualdade, à segurança e à propriedade;	
NOÇÕES DE DIREITO CONSTITUCIONAL	1. Direitos e deveres fundamentais: 1.3. direitos sociais;	
NOÇÕES DE DIREITO CONSTITUCIONAL	1. Direitos e deveres fundamentais: 1.4. nacionalidade;	
NOÇÕES DE DIREITO CONSTITUCIONAL	1. Direitos e deveres fundamentais: 1.5. cidadania;	
NOÇÕES DE DIREITO CONSTITUCIONAL	1. Direitos e deveres fundamentais: 1.6. garantias constitucionais individuais;	
NOÇÕES DE DIREITO CONSTITUCIONAL	1. Direitos e deveres fundamentais: 1.7. garantias dos direitos coletivos, sociais e políticos.	
NOÇÕES DE DIREITO CONSTITUCIONAL	2 Administração Pública	CF, artigos de 37 a 41, capítulo VII
NOÇÕES DE DIREITO ADMINISTRATIVO	1 Estado, governo e Administração Pública: conceitos, elementos, poderes e organização; natureza, fins e princípios.	
NOÇÕES DE DIREITO ADMINISTRATIVO	2 Direito Administrativo: conceito, fontes e princípios.	
NOÇÕES DE DIREITO ADMINISTRATIVO	3 Organização administrativa da União; administração direta e indireta.	
NOÇÕES DE DIREITO ADMINISTRATIVO	4 Agentes públicos: espécies e classificação; poderes, deveres e prerrogativas, cargo, emprego e função públicos; regime jurídico único: provimento, vacância, remoção, redistribuição e substituição; direitos e vantagens; regime disciplinar; responsabilidade civil, criminal e administrativa.	
NOÇÕES DE DIREITO ADMINISTRATIVO	5 Poderes administrativos: poder hierárquico; poder disciplinar; poder regulamentar; poder de polícia; uso e abuso do poder.	
NOÇÕES DE DIREITO ADMINISTRATIVO	6 Ato administrativo: validade, eficácia; atributos; extinção, desfazimento e sanatória; classificação, espécies e exteriorização; vinculação e discricionariedade.	
NOÇÕES DE DIREITO ADMINISTRATIVO	7 Serviços Públicos: conceito, classificação, regulamentação e controle; forma, meios e requisitos; delegação: concessão, permissão, autorização.	
NOÇÕES DE DIREITO ADMINISTRATIVO	8 Controle e responsabilização da administração: controle administrativo; controle judicial; controle legislativo; responsabilidade civil do Estado.	Lei nº 8.429/1992
NOÇÕES DE DIREITO ADMINISTRATIVO	9 Processo Administrativo	Lei nº 9.784/1999
LÍNGUA PORTUGUESA	1 Compreensão e interpretação de textos.	
LÍNGUA PORTUGUESA	2 Tipologia textual.	
LÍNGUA PORTUGUESA	3 Ortografia oficial.	

CONTEÚDO PROGRAMÁTICO

LÍNGUA PORTUGUESA	4 Acentuação gráfica.	
LÍNGUA PORTUGUESA	5 Emprego das classes de palavras.	
LÍNGUA PORTUGUESA	6 Emprego do sinal indicativo de crase.	
LÍNGUA PORTUGUESA	7 Sintaxe da oração e do período.	
LÍNGUA PORTUGUESA	8 Pontuação.	
LÍNGUA PORTUGUESA	9 Concordância nominal e verbal.	
LÍNGUA PORTUGUESA	10 Regências nominal e verbal.	
LÍNGUA PORTUGUESA	11 Significação das palavras.	
LÍNGUA PORTUGUESA	12 Redação de correspondências oficiais	Manual de Redação da Presidência da República
RACIOCÍNIO LÓGICO	1.1. Conceitos básicos de raciocínio lógico: proposições;	
RACIOCÍNIO LÓGICO	1.2. Conceitos básicos de raciocínio lógico: valores lógicos das proposições;	
RACIOCÍNIO LÓGICO	1.3. Conceitos básicos de raciocínio lógico: sentenças abertas;	
RACIOCÍNIO LÓGICO	1.4. Conceitos básicos de raciocínio lógico: número de linhas da tabela verdade;	
RACIOCÍNIO LÓGICO	1.5. Conceitos básicos de raciocínio lógico: conectivos;	
RACIOCÍNIO LÓGICO	1.6. Conceitos básicos de raciocínio lógico: proposições simples;	
RACIOCÍNIO LÓGICO	1.7. Conceitos básicos de raciocínio lógico: proposições compostas.	
RACIOCÍNIO LÓGICO	2 Tautologia.	
RACIOCÍNIO LÓGICO	3 Operação com conjuntos.	
RACIOCÍNIO LÓGICO	4 Cálculos com porcentagens.	
NOÇÕES DE INFORMÁTICA	1 Conceitos de Internet e intranet.	
NOÇÕES DE INFORMÁTICA	2 Conceitos básicos e modos de utilização de tecnologias, ferramentas, aplicativos e procedimentos de informática.	
NOÇÕES DE INFORMÁTICA	3 Conceitos e modos de utilização de aplicativos para edição de textos, planilhas e apresentações utilizando-se a suíte de escritório LibreOffice.	
NOÇÕES DE INFORMÁTICA	4 Conceitos e modos de utilização de sistemas operacionais Windows 7 e 10.	
NOÇÕES DE INFORMÁTICA	5 Noções básicas de ferramentas e aplicativos de navegação e correio eletrônico.	
NOÇÕES DE INFORMÁTICA	6 Noções básicas de segurança e proteção: vírus, worms e derivados.	
SEGURIDADE SOCIAL	1 Seguridade Social. 1.1 Origem e evolução legislativa no Brasil. 1.2 Conceituação. 1.3 Organização e princípios constitucionais.	
SEGURIDADE SOCIAL	2 Legislação Previdenciária. 2.1 Conteúdo, fontes, autonomia. 2.2 Aplicação das normas previdenciárias. Vigência, hierarquia, interpretação e integração.	
SEGURIDADE SOCIAL	3 Regime Geral de Previdência Social. 3.3 Conceito, características e abrangência.3.1 Segurados obrigatórios. contribuinte individual, trabalhador avulso e segurado especial	
SEGURIDADE SOCIAL	3 Regime Geral de Previdência Social. 3.2 Filiação e inscrição. 3.4 Segurado facultativo: conceito, características, filiação e inscrição.	

CONTEÚDO PROGRAMÁTICO

SEGURIDADE SOCIAL	3 Regime Geral de Previdência Social. 3.5 Trabalhadores excluídos do Regime Geral. 4 Empresa e empregador doméstico: conceito previdenciário. 5 Financiamento da Seguridade Social. 5.1 Receitas da União.	
SEGURIDADE SOCIAL	5 Financiamento da Seguridade Social. 5.2 Receitas das contribuições sociais: dos segurados, das empresas, do empregador doméstico, do produtor rural, do clube de futebol profissional, sobre a receita de concursos de prognósticos, receitas de outras fontes.	
SEGURIDADE SOCIAL	5 Financiamento da Seguridade Social. 5.3 Salário-de-contribuição. 5.3.1 Conceito. 5.3.2 Parcelas integrantes e parcelas não-integrantes.	
SEGURIDADE SOCIAL	5 Financiamento da Seguridade Social. 5.3 Salário-de-contribuição. 5.3.3 Limites mínimo e máximo. 5.3.4 Proporcionalidade. 5.3.5 Reajustamento.	
SEGURIDADE SOCIAL	5 Financiamento da Seguridade Social. 5.4 Arrecadação e recolhimento das contribuições destinadas à seguridade social. 5.4.1 Competência do INSS e da Secretaria da Receita Federal do Brasil. 5.4.2 Obrigações da empresa e demais contribuintes.	
SEGURIDADE SOCIAL	9.1 Plano de Benefícios da Previdência Social: períodos de carência, períodos de graça (equivale ao item 10): Manutenção, perda e restabelecimento da qualidade de segurado.	
SEGURIDADE SOCIAL	9.2 Plano de Benefícios da Previdência Social: dependentes dos segurados, salário-de-benefício, renda mensal do benefício, reajustamento do valor dos benefícios.	
SEGURIDADE SOCIAL	9.3 Plano de Benefícios da Previdência Social: benefícios (aposentadoria por incapacidade permanente e auxílio por incapacidade temporária)	
SEGURIDADE SOCIAL	9.4 Plano de Benefícios da Previdência Social: benefícios (aposentadoria programada e aposentadoria por idade rural)	
SEGURIDADE SOCIAL	9.5 Plano de Benefícios da Previdência Social: benefícios (aposentadoria especial por agentes nocivos e aposentadoria das pessoas com deficiência)	
SEGURIDADE SOCIAL	9.6 Plano de Benefícios da Previdência Social: benefícios (salário-família, salário-maternidade e auxílio-acidente)	
SEGURIDADE SOCIAL	9.7 Plano de Benefícios da Previdência Social: benefícios (pensão por morte e auxílio-reclusão)	
SEGURIDADE SOCIAL	9.8 Plano de Benefícios da Previdência Social: benefícios (acumulação de benefícios, serviço social e reabilitação profissional)	
SEGURIDADE SOCIAL	9.9 Plano de Benefícios da Previdência Social: benefícios (temas finais da Lei 8.213/91: decadência e prescrição; ação regressiva e artigos da parte final)	
SEGURIDADE SOCIAL	8 Recurso das decisões administrativas. 7 Crimes contra a Seguridade Social.	
SEGURIDADE SOCIAL	14 Lei de Assistência Social (LOAS): parte geral	Lei nº 8.742/1993 e Decreto nº 6.214/2007
SEGURIDADE SOCIAL	14 Lei de Assistência Social (LOAS): parte específica – BPC/LOAS	Lei nº 8.742/1993 e Decreto nº 6.214/2007
SEGURIDADE SOCIAL	14 Lei de Assistência Social (LOAS): parte específica – auxílio-inclusão	Lei nº 8.742/1993 e Decreto nº 6.214/2007

GABARITO

ÉTICA

1. *Item I* - Certo *Item II* - Certo *Item III* - Certo *Item IV* - Errado	2. *Item I* - Errado *Item II* -Certo *Item III* - Certo *Item IV* - Errado *Item V* - Certo	5. B	10. E
1.1 Verdadeira	3. D	6. A	11. C
1.2 D	4. A	7. B	12. B
		8. E	13. Certo
		9. E	

DIREITO CONSTITUCIONAL

1. Errado

2. Certo

3. Errado

4. D

5. B

6. C

7. C

8. *Item 1* - Errado
Item 2 - Certo
Item 3 - Errado
Item 4 - Errado
Item 5 - Errado
Item 6 - Certo

9. *Item 1* - Certo
Item 2 - Certo
Item 3 - Errado

10. D

11. B

12. C

13. Certo

14. E

15. A

16. E

17. Certo

18. Anulada

19. D

20. D

21. *Item 1* - Certo
Item 2 - Certo
Item 3 - Errado

22. B

23. B

24. *Item 1* - Errado
Item 2 - Errado
Item 3 - Certo
Item 4 - Errado
Item 5 - Certo

25. C

26. A e D

27. C

28. Desatualizada

29. *Item 1* - Certo
Item 2 - Errado
Item 3 - Certo
Item 4 - Errado

30. E

31. B

32. Desatualizada

33. D

34. C

35. C

36. B

37. B

38. A

39. E

40. B

41. D

42. C

43. B

44. B

45. E

46. C

47. D

48. *Item 1* - Errado
Item 2 - Certo
Item 3 - Certo
Item 4 - Errado
Item 5 - Certo

DIREITO ADMINISTRATIVO

1. Certo	17. Certo	33. Errado	49. E
2. A	18. Errado	34. Certo	50. B
3. D	19. Errado	35. Errado	51. Certo
4. C	20. Certo	36. D	52. Errado
5. B	21. B	37. B	53. Certo
6. D	22. E	38. D	54. Certo
7. Errado	23. Errado	39. Errado	55. Certo
8. Errado	24. Errado	40. Certo	56. D
9. Certo	25. Errado	41. Certo	57. E
10. Errado	26. Certo	42. Errado	58. D
11. A	27. Errado	43. Certo	59. D
12. C	28. Certo	44. A	60. E
13. D	29. Certo	45. B	61. Errado
14. A	30. E	46. Certo	62. Certo
15. A	31. Certo	47. Errado	63. Certo
16. D	32. Certo	48. Errado	64. Errado

PORTUGUÊS

1.	Errado
2.	Certo
3.	Errado
4.	A
5.	C
6.	E
7.	B
8.	C
9.	A
10.	C
11.	A
12.	E
13.	B
14.	Errado
15.	C
16.	B
17.	Certo
18.	E
19.	D
20.	Certo
21.	E
22.	Certo
23.	Errado
24.	A
25.	Errado
26.	C
27.	A
28.	C
29.	D
30.	Certo
31.	C
32.	Certo
33.	Certo
34.	Errado
35.	Certo
36.	Certo
37.	Certo
38.	C
39.	B
40.	C
41.	E
42.	D
43.	E
44.	Errado
45.	Errado
46.	Certo
47.	Errado
48.	Certo
49.	A
50.	Certo
51.	Errado
52.	Certo
53.	Certo
54.	Errado
55.	Errado
56.	Certo
57.	Errado
58.	Errado
59.	Errado
60.	B
61.	Certo
62.	Certo
63.	Errado
64.	Errado
65.	Errado
66.	Errado
67.	Certo
68.	Errado
69.	Certo
70.	Errado
71.	Errado
72.	Certo
73.	Errado
74.	Errado
75.	B
76.	E
77.	C
78.	A
79.	B
80.	A
81.	D
82.	D
83.	C
84.	A
85.	B
86.	A
87.	D
88.	C
89.	Certo
90.	Certo
91.	C
92.	D
93.	B
94.	E
95.	B
96.	E
97.	B
98.	Errado
99.	Certo
100.	Certo
101.	Errado
102.	Certo
103.	Certo
104.	Errado
105.	Errado
106.	D
107.	D
108.	B
109.	A
110.	C
111.	Item I - Certo Item II - Errado Item III - Certo
112.	Errado
113.	Certo
114.	Errado

RACIOCÍNIO LÓGICO

1. Item I: Certo Item II: Errado	**13.** Errado	**25.** Errado	**37.** A
2. D	**14.** Certo	**26.** Errado	**38.** Certo
3. Errado	**15.** Errado	**27.** Errado	**39.** B
4. Errado	**16.** Certo	**28.** B	**40.** C
5. Certo	**17.** D	**29.** E	**41.** Errado
6. Errado	**18.** D	**30.** C	**42.** Certo
7. Certo	**19.** Certo	**31.** A	**43.** Anulada
8. Errado	**20.** Errado	**32.** E	**44.** Errado
9. Certo	**21.** C	**33.** Certo	**45.** Certo
10. Errado	**22.** B	**34.** A	**46.** Errado
11. Certo	**23.** Certo	**35.** E	**47.** Errado
12. Errado	**24.** E	**36.** D	**48.** Anulada

INFORMÁTICA

1. D	**18.** Errado	**35.** D	**52.** Errado
2. B	**19.** Errado	**36.** A	**53.** Errado
3. A	**20.** Certo	**37.** B	**54.** Errado
4. E	**21.** Errado	**38.** C	**55.** A
5. E	**22.** C	**39.** B	**56.** D
6. D	**23.** E	**40.** Errado	**57.** Anulada
7. B	**24.** Anulada	**41.** A	**58.** B
8. Certo	**25.** A	**42.** Certo	**59.** E
9. Errado	**26.** Certo	**43.** E	**60.** D
10. D	**27.** Certo	**44.** C	**61.** C
11. E	**28.** Errado	**45.** Certo	**62.** D
12. B	**29.** Certo	**46.** Errado	**63.** Errado
13. C	**30.** Errado	**47.** C	**64.** Errado
14. C	**31.** C	**48.** A	**65.** Certo
15. E	**32.** A	**49.** D	**66.** Certo
16. Certo	**33.** B	**50.** E	
17. Certo	**34.** C	**51.** D	

SEGURIDADE SOCIAL

1. C
2. B
3. C
4. D
5. A
6. E
7. Anulada
8. Certo
9. Errado
10. Errado
11. Errado
12. Certo
13. Certo
14. Errado
15. Errado
16. Errado
17. Certo
18. Errado
19. Certo
20. Errado
21. Errado
22. Certo
23. D
24. Anulada
25. Certo
26. Certo
27. Certo
28. Certo
29. Certo
30. Certo
31. Certo
32. Certo
33. Certo
34. Certo
35. Errado
36. Errado
37. B
38. Errado
39. Errado
40. Errado
41. E
42. Errado
43. Anulada
44. A
45. B
46. B
47. D
48. D
49. Errado
50. Certo
51. Errado
52. Anulada
53. Errado
54. Certo
55. Errado
56. Certo
57. Certo
58. Errado
59. Errado
60. C
61. D
62. Errado
63. Certo
64. Errado
65. Errado
66. Errado
67. Errado
68. Certo
69. Errado
70. Certo
71. Certo
72. Errado
73. Errado
74. Errado
75. Errado
76. Certo
77. Certo
78. Errado
79. A
80. Certo
81. Errado
82. Errado
83. Certo
84. Certo
85. Certo
86. Certo
87. Errado
88. B
89. D
90. Errado
91. Certo
92. Certo
93. Errado
94. Certo
95. E
96. B
97. E
98. A
99. E
100. Certo
101. E
102. Anulada
103. Errado
104. Certo
105. Errado
106. Errado
107. Errado
108. Certo
109. Certo
110. Anulada
111. Certo
112. Certo
113. Errado
114. Certo
115. Errado
116. Errado
117. Errado
118. Certo
119. Certo
120. D
121. C
122. E
123. C
124. A

125. E
126. Certo
127. Errado
128. Certo
129. Errado
130. Errado
131. Certo
132. Errado
133. Certo
134. Certo
135. A e C
136. A
137. A, B e D
138. D
139. B
140. A e B
141. Todas Erradas
142. C
143. Certo
144. Certo
145. Errado
146. Errado
147. Errado
148. Errado
149. Errado
150. A
151. E
152. A
153. D
154. D
155. A
156. A
157. A

158. Certo
159. Errado
160. E
161. E
162. A
163. E
164. A
165. C
166. B
167. A
168. Anulada
169. Anulada
170. B
171. D
172. E
173. B
174. B
175. D
176. E
177. A
178. E
179. D e E
180. Anulada
181. Errado
182. Errado
183. Errado
184. Certo
185. Certo
186. Errado
187. Certo
188. Errado
189. Errado
190. Item I: Errado Item II: Certo

191. Certo
192. Certo
193. Errado
194. Errado
195. Certo
196. Errado
197. Certo
198. Certo
199. Errado
200. Errado
201. Errado
202. Errado
203. Certo
204. Errado
205. Errado
206. Certo
207. Certo
208. Certo
209. Errado
210. Errado
211. Certo
212. Errado
213. Item I - Errado Item II - Certo Item III - Errado Item IV - Errado
214. C
215. C
216. Certo
217. Errado
218. Certo
219. Errado
220. Errado
221. Certo

222. Errado
223. B
224. C
225. D
226. C
227. D
228. A
229. C
230. A
231. B
232. A
233. Errado
234. Errado
235. Errado
236. Certo
237. Certo
238. Errado
239. Certo
240. Errado
241. Certo
242. Errado
243. Certo
244. Errado
245. Certo
246. A
247. A
248. B
249. E
250. A
251. B
252. E
253. E
254. C

255.	Errado
256.	Errado
257.	Errado
258.	C
259.	D
260.	Certo

261.	Certo
262.	Errado
263.	Errado
264.	Errado
265.	Certo
266.	Errado

267.	Certo
268.	Certo
269.	Errado
270.	Errado
271.	Certo
272.	Errado

273.	Certo
274.	Certo
275.	Certo

EDITORA
JusPODIVM
www.editorajuspodivm.com.br

Impressão e Acabamento
PlenaPrint
Indústria Gráfica